Ralf Strackbein
Mordgemetzel

Tristan Irle:
Zwei Dekaden – Ermittlungen im Kreisgebiet Siegen-Wittgenstein

www.magolves.com

Der Autor:
Ralf Strackbein lebt in Siegen. Nach Abschluss einer Ausbildung als Technischer Zeichner, Besuch des Siegerland Kollegs, anschließend Studium an der Siegener Universität in den Fächern Allgemeine Literaturwissenschaft, Politikwissenschaft und Angewandte Sprachwissenschaft. 1993 Studium erfolgreich mit dem Akademischen Grad des Magister Artium abgeschlossen. Schrieb als freier Mitarbeiter während des Studiums Filmkritiken und Reportagen für eine Tageszeitung. Nach Abschluss des Studiums als Pressereferent in Frankfurt a.M. beschäftigt. Seit Sommer 1996 freier Autor und als freiberuflicher Presse- und PR-Berater für Unternehmen tätig.

Ralf Strackbein

Mordgemetzel

𝕿𝖗𝖎𝖘𝖙𝖆𝖓 𝕴𝖗𝖑𝖊:

Zwei Dekaden – Ermittlungen im Kreisgebiet Siegen-Wittgenstein

Bildband

Magolves-Verlag
Siegen

1. Auflage
Magolves-Verlag
Copyright© by Ralf Strackbein 2010,
Umschlag:
Idee und Umsetzung - Michaela Herbst und Ralf Strackbein
Satz: Magolves-Medienservice, Siegen
Druck: Vorländer GmbH & Co. KG, Siegen
ISBN: 978-3-935378-30-7

Inhaltsverzeichnis

Vorwort	6
Tristan Irle und der Rubensmord	9
Tristan Irle - Eine Leiche auf der HTS	15
Tristan Irle - MordPur	21
Tristan Irle - Die Abseitsfalle	27
Tristan Irle - Das sexte Gebot	33
Tristan Irle und das Rathauskomplott	39
Tristan Irle - Der Braumeister	45
Tristan Irle - Gegen den Strich	51
Tristan Irle - Tödliche Doktorspiele	57
Tristan Irle - Siegener Maskerade	63
Tristan Irle - Eisenhart	69
Tristan Irle - Die Fürstenjagd	75
Tristan Irle - Lokalzeit	81
Tristan Irle - Baum fällt!	87
Tristan Irle - Die zitternden Tenöre	93
Tristan Irle - Der Killersteig	99
Tristan Irle - Locht ein!	105
Tristan Irle hat Lampenfieber	111
Tristan Irle und der Grabräuber	117
Tristan Irle - Wo ist Marlowe?	123
Danksagung	131
Magolves-Verlag	132
Quellen	133

Vorwort:

Wie alles begann?

Nun, richtig erklären kann ich das auch nicht. Es scheint aber einen Konsens zu geben, nach dem alles mit einem großen Knall begonnen haben soll, den man „Big Bang" oder auf Deutsch „Urknall" nennt ... aber eigentlich war das gar nicht gemeint. So viel zu den Tücken des Formulierens.

Die Frage lautet korrekt: Wie begann die Erfolgsgeschichte *Tristan Irle*?

Die Erfolgsgeschichte begann einige Milliarden Jahre nach dem „Urknall", als ein engagierter Student (ich) der Literaturwissenschaften im Amercian-House in Köln saß und Kästchen ausmalte. Diese Kästchen gehören zu einem ausgeklügelten Sprachtest, den Studenten bestehen müssen, um sich an amerikanischen Universitäten einschreiben zu dürfen. Der sogenannte Toefl-Test (Test of English as a Foreign Language) gilt heute als internationaler Standard, damals an der Wende von den 80ern in die 90er war dies noch nicht der Fall. Amerikanische Universitäten bestimmten, welche Punktezahl sie für ausreichend hielten, um ausländische Studenten willkommen zu heißen.

Da saß ich also und meine Schweißdrüsen wetteiferten mit meinen Gehirnzellen, während die Spitze meines Bleistiftes immer stumpfer wurde. Leider hatte ich bis dato meinen Englischkenntnissen nie große Aufmerksamkeit geschenkt, schließlich wollte ich ja in die USA, um sie dort aufzubessern. Jedenfalls, am Ende des dreistündigen Tests hatte ich mich wacker geschlagen – und ihn doch vermasselt. Es fehlte schließlich eine Handvoll Punkte, um in der Sonne Kaliforniens am Strand von Santa Barbara den Kollegblock auszupacken. Gefallen, aber nicht besiegt, rappelte ich mich wieder auf und es entstand der Plan, den ersten lokalen Krimi für unsere Region zu schreiben.

Geschrieben habe ich schon immer und bis zu diesem Zeitpunkt hauptsächlich für eine Tageszeitung. Doch nach drei Jahren wöchentlicher Filmkritiken war ich damals der Arbeit müde geworden und suchte neue Herausforderungen. Das Grundstudium schloss ich zu diesem Zeitpunkt ab, und der neue Studienplan im Hauptstudium ließ mehr Raum für eigene Projekte. Die Zeit nutzte ich mit ausgiebigen Nachtaktivitäten und der Planung meines ersten Lokalkrimis. Mit Freunden und Buchhändlern besprach ich die Idee, und so entwickelte sich langsam eine konkrete Vorstellung, wie so ein Lokalkrimi für unsere Region aussehen sollte. Insbesondere die Anregungen von Matthias Kringe (Dilldappen) halfen mir das Konzept auszufeilen. Als Fan klassischer Krimis, wie sie Agatha

Christie schrieb, wählte ich die Form des Rätselromans, den ich mit Thrillerelementen vermischte. Der Name des Helden sollte einen klaren Bezug zur Heimat haben. Was lag da näher als der Nachname *Irle*, der kurz und einprägsam sowie ganz klar unserer Region zuzuordnen ist? Doch während der Nachname gewöhnlich daherkommen sollte, musste der Vorname außergewöhnlich, tiefgründig und vielschichtig wirken. Also ging ich literaturwissenschaftlich vor und durchstöberte deutsche Literatur. Hängen blieb der Vorname *Tristan*. Jener Held, der sich unsterblich in die Tochter des verhassten Feindes verliebte und für diese Liebe starb. Was für eine Geschichte, was für ein Name – und so entstand *Tristan Irle*.

Schließlich setzte ich mich an den Schreibtisch und begann zu schreiben. Dummerweise hatte ich mich zu diesem Zeitpunkt für einen „Ich-Erzähler" entschieden und das ging mächtig in die Hose. Nach mehrmonatiger Arbeit landete die erste Version von „Tristan Irle und der Rubensmord" in der Mülltonne.

Also setzte ich mich erneut an meinen Schreibtisch und bearbeitete die Tastatur meines ersten Computers, bis das neue Manuskript fertig war. Im Oktober 1991 erschien schließlich die erste Ausgabe von „Tristan Irle und der Rubensmord".

Sie war binnen einer Woche vergriffen.

Vom Erfolg getragen, setzte ich mich gleich im Frühjahr 1992 erneut an den Schreibtisch. Es folgte eine Geschichte rund um den Bau der Hüttentalentlastungsstraße. Mit „Tristan Irle – Eine Leiche auf der HTS" entstand ein Krimi, der in seiner Form und seinem Witz die Vorlage für alle anderen Irle-Romane wurde. Dennoch fehlte ihm etwas, das im dritten Irle-Roman Einzug fand, die weibliche Hauptrolle: Helga Bottenberg.

Jetzt war das Konzept des Siegerländer-Wittgensteiner Lokalkrimis fertig, und bis heute folgten 17 weitere Tristan-Irle-Romane.

In all den Jahren wurde mir immer wieder eine Frage gestellt: Wie reagierte der Landrat auf meine Geschichten? Die Antwort darauf ist immer gleich: Erfundene Figuren lassen sich schlecht mit lebenden Menschen vergleichen. Lebende Menschen können einen Autor höchstens inspirieren. Schließlich handelt es sich bei meinen Geschichten um Fiktion. Beschriebene Charaktere sind erfunden, Ähnlichkeit mit realen Tatbeständen, lebenden oder juristischen Personen, Örtlichkeiten, Körperschaften, Unternehmen, Gesellschaften oder Organisationen, natürlichen und übernatürlichen Hierarchien, ist rein zufällig.

Ralf Strackbein

𝔗𝔯𝔦𝔰𝔱𝔞𝔫 𝔍𝔯𝔩𝔢

und

Der Rubensmord

Ein Siegerländer Kriminalroman

Tristan Irle und der Rubensmord

Das Thema Peter Paul Rubens drängte sich förmlich für den ersten Lokalkrimi auf. Die Stadt Siegen wirbt mit diesem Maler, wo immer sie kann – also dachte ich mir, warum nicht auch in einem klassischen Kriminalroman? Schon immer hat mich die Umgebung des Oberen Schlosses (die Heimat der Rubensbilder) angezogen, deshalb fiel es mir leicht, die Handlungsschauplätze rund um das Obere Schloss zu legen.

Der Roman beginnt mit dem grausigen Mord an einer bedauerlichen Person. Jetzt hätte ich Irle gleich als einen Superdetektiv einführen können, aber das wollte ich nicht. Als der erste Mord geschah, ging Tristan einer mehr oder weniger „normalen" Privatdetektivtätigkeit nach. Ich wollte die Verwandlung zum ermittelnden Privatdetektiv vom Leser verfolgen lassen. Also konstruierte ich mir einen Plot, in dem Tristan am Anfang der Geschichte den späteren Hauptverdächtigen bereits kennenlernte.

Als ich den Roman schrieb, jobbte ich in einer kleinen Maschinenbaufirma, die mich dazu inspirierte, in einer solchen Umgebung den Roman beginnen zu lassen. So konnte ich die Welt des Maschinenbaus ein wenig beschreiben und einen weiteren Bezug zu unserer Region schaffen. Außerdem war der Leser sozusagen bei „Tristan Irles Geburt" von Anfang an dabei. Worum es in dem Buch schließlich geht, na, das wird hier nicht verraten.

Nachdem ich den Roman endlich fertig hatte, die zweite Version, musste aus den vielen losen Seiten ja noch ein Buch werden. Da hatte ich mich gut ein Jahr lang mit der Geschichte und dem Schreiben beschäftigt und musste nun feststellen, dass es gar nicht so einfach ist, aus einem Manuskript ein Taschenbuch werden zu lassen. Ich hatte mich schon früh dazu entschlossen, das Buch im eigenen Verlag herauszugeben, also war es meine Aufgabe, diese Verwandlung durchzuführen.

Zunächst musste ein Buchcover her. Doch Vorsicht, wählt man ein buntes Cover, dann benötigt man mehrere Farben. Mehrere Farben bedeuten höhere Druckkosten und Geld besaß ich als Student nicht. Mein Freund Ralph Rottler sprang zwar für die erste Druck-Finanzierung ein, doch das Geld sollte er ja irgendwann wieder zurückerhalten. Also lernte ich erst einmal, was im Verlagswesen wie viel kostete. Dann suchte ich mir die richtigen Partner und das Abenteuer begann. Übrigens: Meinem Freund konnte ich zum Glück sehr schnell das geliehene Geld wieder zurückgeben.

Strackbeins „Tristan Irle und der Rubensmord":
Der erste Siegener Krimi wird am Donnerstag öffentlich vorgestellt

Siegen-Eisern. (ng) Wenn ein Professor mit Villa am Hohler Weg plötzlich ermordet im Schloßhof liegt; wenn ein Londoner Rubensgemälde im Mittelpunkt obskurer Verdachtsmomente von zwei Beamten der Hagener Mordkommission steht; wenn Privatdetektiv Tristan Irle durch die Altstadtkneipen kurvt und Entlastungsmaterial sammelt, ehe er in seine Wohnung hinter der Marienkirche zurückkehrt – – – dann ist Krimi-Zeit!

Der Eiserner Ralf Strackbein hat ihn geschrieben, diesen ersten Siegener Kriminalroman Titel: „Tristan Irle und der Rubensmord". 245 Seiten stark, roter Einband mit blutbetropftem Rubenskopf unter dem Titel, im Magolves-Eigenverlag gedruckt. Aber niemand kennt den genauen Inhalt. „Alle großen Buchhandlungen werden den Krimi ab nächsten Freitag im Angebot haben. Wenn die halbe Stadt vorher schon wüßte, wie's ausgeht, wäre doch der ganze Witz weg", meint der 29jährige Autor mit diebischem Vergnügen an dieser ‚Scarlett'-artigen Geheimhaltungsaktion – „ich hatte die Idee aber schon viel früher als die Amis".

Der Ur-Siegerländer mit abgeschlossener Ausbildung als technischer Zeichner studiert allgemeine Literatur-, angewandte Sprach- sowie Politikwissenschaft; außerdem arbeitete er als Filmkritiker für eine Koblenzer Zeitung und als studentische Hilfskraft. Die Idee für eine im Siegerland angesiedelte Detektivfigur kam Strackbein, weil er sich über die abfälligen Sprüche vieler Zugereister über diese Region ärgerte: „Keine Kultur – stures Volk – kein Humor – das stimmt alles nicht! Die Siegerländer haben durchaus die Fähigkeit zum Lachen über eigene Schwächen; aber der Witz muß von den Hiesigen ausgehen, andernfalls machen sie sich ziemlich schnell zu."

Er verfaßte den Krimi in zwei Anläufen: „Zuerst in der Ich-Form, drei Monate reine Schreibzeit, und dann ein halbes Jahr Bastelei, ehe ich einsah, daß es so nix war." Der zweite Entwurf lief besser und war nach acht Wochen fertiggestellt: „Ich habe immer Mittwoch, Donnerstag, Freitag geschrieben, Samstag und Sonntag ausgespannt und Montag, Dienstag überarbeitet." Sein Tristan Irle ist beileibe keine Witzfigur, sondern ein auf Werksdiebstahl spezialisierter Privatermittler in den Fünfzigern. Weil der Nachname so typisch Siegerländisch ist, wollte Strackbein ihm wenigstens einen etwas exotischen Vornamen zugestehen – so kam es zu Tristan. „Wenn die Leser ihn mögen und annehmen, wird er in Serie gehen".

Denn der nächste Fall juckt Strackbein schon in den Fingern: „Wird wohl in Walpersdorf spielen, ein paar ironische Blitzlichter auf Siegerländer Lokaljournalisten werfen und ganz sicher am Tag vor Heiligabend gelöst werden." Einige feste Figuren, die der Autor in diesem ersten Krimi eingeführt hat, sollen in weiteren Folgen dabeibleiben: Zum Beispiel der katholische Diakon und Freund des Detektivs Erich Roth sowie dessen Kakadu, der mit Vorliebe Klassikerzitate plappert. Und natürlich Siegener Straßen, Plätze, Kneipen, Atmosphäre – all das, was den speziellen Geschmack, den Gusto dieser Region ausmacht.

Es gibt viel Vertrautes: Eine Bürgermeisterin mit Handtaschen in Kofferformat, einen sehr langen, sehr bebrillten Stadtdirektor, und als Gegenspieler Irles zwei auswärtige Kripoleute voller Vorbehalte gegen das Siegerland. Hier als Vorabdruck (exklusiv in der WR – sowas ist ja enorm ‚in') eine kleine Passage aus einem Gespräch dieser beiden.

Sie schauen gerade vom Torbogen des Oberen Schlosses aus auf das Krönchen des Nikolai-Kirchturms zurück: *Pfeiffer setzte seine Brille auf und wollte gerade weiter laufen, da verzog Holzbaum sein Gesicht, als hätte er zu Weihnachten einen Osterhasen geschenkt bekommen. „Das ist schon komisch, ein weltliches Machtsymbol auf einem geistlichen Gebäude. Wenn das für Siegerländer typisch ist, Chef, dann kann der Aufenthalt ganz schön lustig werden."*

Die Buchvorstellung geschieht am kommenden Donnerstag. Täter: Der Autor. Tatort: Haus Seel. Tatzeit: 20 Uhr. Dringender Verdacht: Es könnte spannend werden.

oben: Ein idyllischer Platz mitten in der Altstadt, links die Marienkirche.

links: Die Untere Metzgerstraße in der Altstadt.

oben: Schauplatz des ersten Mordes, der Schlosshof des Oberen Schlosses.

rechts: Das Burggebäude mit seinem mächtigen Burgtor.

Seite aus dem Kochbuch, Obersdorfer Rezepte, 1981.

Erstes Marlowe-Zitat:

Irrt dein Sinn oder lügt dein Mund?

Was ist krank!? Was ist gesund!?

Hugo von Hofmannsthal

Fall: 1
Erscheinungsjahr: 1991
Auflagen: 8
Seitenzahl: 283
Absätze: 1480
Wörter: 49421
Personenanzahl: 18

Ralf Strackbein

Tristan Irle

Eine Leiche auf der HTS

Ein Siegerländer Kriminalroman

Tristan Irle – Eine Leiche auf der HTS

Auf einer Welle der Zustimmung ritt ich, als im Frühjahr 1992 der zweite „Irle" auf dem Reißbrett Gestalt annahm. Nach dem stürmischen Start des Meisterdetektivs aus der Rubensstadt stand außer Frage, dass ein zweiter Fall kommen musste. Nachdem die erste Geschichte im Sommer spielte, sollte in der zweiten Story Gevatter Frost eine Hauptrolle übernehmen. Die heimische Landschaft im Winter bietet für einen Autor haufenweise bedrohliche Szenen, die man nicht einfach ignorieren kann. Und so beginnt das Buch auch in einer stürmischen Winternacht. Doch nicht irgendwo, sondern an einem Ort, an dem noch heute Holzkohle nach traditioneller Köhlerart hergestellt wird.

Es war eine gute Zeit für das zweite Buch. Mit meinem Studium befand ich mich auf der Zielgeraden. Alle nötigen Seminarscheine lagen unterschrieben in der Studiermappe, und außer ein paar Pflichtstunden blieb mir genügend Freiraum, meinem neuen Irle-Fall nachzugehen. Nachdem ich mit einem typischen Siegener Thema angefangen hatte, wollte ich dort weitermachen. Es dauerte auch nicht lange, bis ich mich auf ein damals heiß diskutiertes Thema einschoss – die Hüttentalentlastungsstraße – oder kurz: die HTS.

Damals gab es viele Kritiker dieses Betonbandwurms durch das Siegtal, was man sich heute gar nicht mehr vorstellen kann, hat die HTS sich doch mehr als bewährt. Neben dem HTS-Thema sollte noch ein weiteres, ein damals ganz angesagtes Thema dazukommen, das der Asylpolitik. Einige meiner damaligen Freunde stammten aus Äthiopien, und deren Erfahrungen halfen mir bei meiner Recherche.

Dann begann Tristans zweites Abenteuer. Über reale Orte stülpte ich fiktive Gegebenheiten, erfand zwielichtige Figuren und ließ mich von meiner Umgebung inspirieren. Ich stellte Tristans Schwester mit ihrer Familie vor und führte Figuren ein, die in späteren Romanen immer mal wieder auftauchten.

„Eine Leiche auf der HTS"

Tristan Irle hat wieder eine heiße Spur

Ralf Strackbein setzt Siegerländer Krimiserie fort – Klischeehafte Figuren

Siegen. Tristan Irle ist wieder mit Pfeife und obligatorischer Strickjacke unterwegs. Nach dem „Rubensmord" nun die „Leiche auf der HTS". Das heißt, eigentlich lag die Leiche einige Kilometer von Walpersdorf entfernt neben einem Kohlenmeiler im Schnee. Die Tote: Elke Meiswinkel, eine vielversprechende Kollegin des Siegener Lokalradios. Die Kriminalbeamten aus Hagen verdächtigen einen abgelehnten Asylbewerber, dem Elke kurz zuvor den Laufpaß gegeben hatte, der Staatsanwalt fürchtet ein zweites Hoyerswerda, und Privatdetektiv Tristan Irle geht ganz anderen Spuren nach . . .

Nach seinem Erstlingswerk „Tristan Irle und der Rubensmord", das 1991 veröffentlicht wurde, hat Ralf Strackbein, der 30jährige Siegener Nachwuchsautor, nun seinen zweiten Siegerländer Krimi herausgebracht. Mit Übersichtskarte und einem praktischen Personenverzeichnis ausgestattet, wird der Einstieg über verschiedene Erzählstränge erleichtert. Das Strickmuster des Werkes ist klassisch, Agatha Christie ist nach Strackbeins eigenen Angaben sein Vorbild.

Medien- und Politikerszene

Klischeehaft dagegen sind die Inhalte. Das Reporterleben zum Beispiel: Nadine Weinberger vom „Siegerländer Generalanzeiger" wird natürlich ein bißchen blaß um die Nase – es ist sicher ihr erster Mord –, aber läßt sich natürlich nichts anmerken und wählt die Flucht nach vorn. Und natürlich macht sie eine tolle Story draus! An ihren Fersen stets Fotograf Strubbel alias Alexander Müller. Auch das Politikerdasein ist einfach: Ein dickes Auto und möglichst oft das schmeichelhafte Gefühl, das eigene Gesicht in der Zeitung wiederzusehen. Mag sein, daß manches dran ist an Strackbeins Vorstellungen, seine skizzierten Personen bleiben jedoch sämtlich oberflächlich, flach. Daran können auch die ein oder anderen, ständig wieder hervorgekehrten Markenzeichen wie die Süßigkeiten in der Manteltasche von Kommissar Holzbaum, die Rennfahrerleidenschaft seines Kollegen Pfeiffer oder der Kakadu Marlowe, den sein Besitzer Irle mit Körnern und Zitaten deutscher Dichter und Denker füttert, nicht viel ändern.

Seine Anziehungskraft gewinnt der Krimi von Ralf Strackbein allein durch das lokale Kolorit. Nicht im fernen Bangkok, in Paris oder Rotterdam spielt sich das Morddrama ab, sondern mitten im Siegerland. Allein die Beschreibung einer Autofahrt von Siegen nach Kreuztal wird zum Erlebnis, denn sogar das HTS-Stück von Buschhütten nach Kreuztal ist schon „drin". Ganz zu schweigen von den – entgegen der eingangs gemachten Beteuerungen Strackbeins – selbstverständlich nicht ganz zufälligen Ähnlichkeiten der Romanfiguren mit lebenden Personen. Da hat der Stadtdirektor noch Glück, daß er mit einer fiebrigen Erkältung zu Bett liegt. Was wiederum die Bürgermeisterin freut, denn nun kann sie „Regie führen".

Suche nach vertrauten Namen

Wiedererkennungseffekte am laufenden Band. Das Café Flocke heißt bei Strackbein „Glocke". Die Suche nach vertrauten Namen, meist leicht abgewandelt, treibt die Leser weiter. Sich dieser Wirkung bewußt, läßt Strackbein nichts aus, um an die Heimatgefühle der Siegerländer zu appellieren, vom glitzernden Krönchen bis zum lokalen Slang, den natürlich die „Usswärdije" nicht verstehen.

„Leiche" auf der HTS irritierte braven Biker

Schon mal eine Leiche auf der HTS gesehen? R.S. aus S., heimischer Nachwuchs-Krimi-Autor, macht's möglich. Papier ist bekanntlich geduldig, doch wenn es um beweisträchtige Fotoaufnahmen geht, dann muß ein Krimi-Autor schon mal mit dem eigenen Leibe herhalten. Und das im wahrsten Sinne des Wortes. Natürlich werden auch die Hüter des Gesetzes hellhörig, wenn es um Mord und Totschlag geht, wie R.S. erfahren mußte.

Für das „Cover" seiner jüngsten Krimi-Neuerscheinung fehlte ihm nämlich noch das passende Motiv. Also legte sich R.S., nicht zimperlich in solchen Dingen, selbst als „Leiche" auf die HTS. Mit einer guten Bekannten suchte er an einem lauen Sommerabend ein passendes Stück Seitenstreifen auf der sonst vielbefahrenen Schnellstraße aus, stoppte den Wagen und stellte in sicherer Entfernung das Warndreieck auf. Dann legte es sich mit weit ausgestreckten Armen und Beinen auf den Teerboden, während die Bekannte seine Umrisse, die jetzt den Einband seines Buches zieren, à la Tatort mit Kreide nachzeichnete. Einigen Autofahrern muß das wohl ziemlich seltsam vorgekommen sein. Zwei hielten an, fragten nach. Aber, wie gesagt, falscher Alarm. Bis ein stolzer Biker mit wehender Deutschland-Flagge an R.S. vorbeirauschte.

Dieser, ein kleiner untersetzter Typ, drehte zwar auch neugierig rum, brauste dann aber ab. In treuer Pflichterfüllung eines braven Bürgers zeigte er die beiden jedoch bei der nächsten Polizeistation an. Wenige Minuten später stand tatsächlich ein Streifenwagen vor unserer „Leiche". Doch die beiden Beamten bewiesen nach einigem Hin und Her Humor. Daß sie R.S. aber trotzdem eine saftige Verwarnung aufbrummten, das weiß

Euer Rohrspatz YY

Die Hüttentalentlastungsstraße vom Siegberg fotografiert. Im Hintergrund rechts die Hochhäuser der Stormstraße in Geisweid. Links oben Teile der Kinderklinik am Wellersberg.

Meiler in Walpersdorf, Netphen. Foto: Stadt Netphen

Radio Siegen, Studio am Obergraben mit Mischpult und Bildschirmanzeigen.

Seite aus dem Kochbuch, Obersdorfer Rezepte, 1981.

SCHMATZBÄCKEL

5 kg Kartoffeln fein reiben, 1 Ei und Salz nach Geschmack dazu geben, soviel Mehl nehmen bis der Teig gebunden ist.
Auf eine Schmatzbäckelplatte, die mit einer Speckschwarte eingerieben wurde, den Teig dünn aufstreichen und backen.

Mit Butter bestrichen essen oder auch als Brotbelag zu verwenden.

Statt einer Schmatzbäckelplatte kann auch eine Teflonpfanne verwendet werden.

Fall: 2
Erscheinungsjahr: 1992
Auflagen: 4
Seitenzahl: 281
Absätze: 1828
Wörter: 52009
Personenanzahl: 28

Marlowe-Zitat:

Da packt sie plötzlich
die böse Katze
und würgt sie
mit grimmiger Tatze.

Heinrich Heine, Rote Pantoffeln

Ralf Strackbein

𝔗𝔯𝔦𝔰𝔱𝔞𝔫 𝔍𝔯𝔩𝔢

MordPur

Ein Siegerländer Kriminalroman

Tristan Irle – MordPur

Ein Kauz schreit finster in die dunkle Nacht. Wind schneidet durch die Zinnen eines Burgfrieds und dann ...

Stimmungsvoll sollte das erste Kapitel des dritten Irle-Bandes beginnen. Dazu gehörte natürlich der passende Handlungsort wie eine alte Burgruine, vielleicht noch eine kleine Zeltstadt und eine einsam gelegene Pension. Usswaerdije könnten glauben, dass ich meiner Fantasie beim Gestalten des Tatortes kräftig die Peitsche gegeben hatte, doch das musste ich gar nicht. Dank der genialen Idee, ein Kulturfestival mitten in die Pampa zu setzen, brauchte ich mich eigentlich nur an die Realität zu halten. Noch gut erinnere ich mich an die Recherche hinter den Kulissen. Es regnete an diesem Tag, und die tapfere KulturPur-Mannschaft hielt sich im Warmen auf. Mit den Jahren wuchs das Festival, doch noch heute ist der Kern dieser Mannschaft über Pfingsten auf dem Giller tätig. Die einmalige Stimmung dieses Ortes hat sicherlich zu diesem Erfolg beigetragen. Mich inspirierte dieser Ort dazu Historie und Gegenwart in einem Krimi zusammenzuführen, und eine neue Figur entstehen zu lassen: Helga Bottenberg, die Pensionsbesitzerin.

Unser Held Tristan kommt im Laufe des Buches dieser Pensionsbesitzerin näher. Heute sind die beiden Figuren zwei Pfeiler in fast jeder Geschichte. Damals war es eine echte Herausforderung, die Beziehung der beiden so zu beschreiben, dass sie glaubwürdig ins Gesamtkonzept passte. Mittlerweile sind sie mir so vertraut geworden, dass es heute nicht mehr schwer fällt, die kleinen Geschichten rund um ihre Beziehung zu erzählen. Die Leserinnen und Leser nehmen Anteil an dieser Liebesgeschichte, und bei meinen Lesungen werde ich des Öfteren gefragt: Wann heiraten sie denn endlich? Nun, wenn es so weit ist, wird es einen eigenen Roman dazu geben.

Tristan Irle und KulturPur haben im selben Jahr das Licht der kulturellen Öffentlichkeit erblickt. Das verbindet und so habe ich in den vergangenen Jahren das Festival gerne besucht, auch wenn es dieses Jahr nur aus der Luft war. Damals habe ich mich mit unserer heimischen Geschichte das erste Mal auseinandergesetzt. Wir leben in einer Region, deren jahrtausendealte Geschichte uns noch heute zu dem macht, was wir sind. Mit MordPur habe ich versucht, eine Brücke in die Vergangenheit zu schlagen. Dass das Buch angenommen wurde, bewog mich in den kommenden Jahren immer mal wieder, das Geschichtsbuch aufzuschlagen und nach einem interessanten Stoff zu schauen.

Tristan Irle wieder im Einsatz

Ralf Strackbeins neues Buch spielt rund um „KulturPur"-Festival

Siegen. KulturPur. Das steht für Spiel und Spaß auf dem Giller. Doch dann: ein lähmender Schock. Beim Schauspringen der Neunkirchener Feuerwehr kommt ein Feuerwehrmann ums Leben. Die Auslaßventile des Sprungkissens sind mit Zweigen verstopft worden! Ein Fall für Tristan Irle. Zum drittenmal kommt der erste Siegerländer Privatdetektiv in Ralf Strackbeins neuem Buch „Tristan Irle – MordPur" zum Einsatz. Gestern abend stellte Strackbein das Buch in einer Lesung im Haus Seel vor.

Nach „Tristan Irle und der Rubensmord" und „Eine Leiche auf der HTS" hat Strackbein wiederum das Siegerland zum Tatort gemacht. Diesmal spielt die Handlung rund um das KulturPur-Festival auf dem Giller. In bewährter Art und Weise leitet Strackbein den Leser durch das Siegerland. Jede Menge Beschreibungen versetzen ihn in echte Spannung, denn an jeder Ecke könnten Bekannte auftauchen. Und hier enttäuschen Strackbein und Irle nicht.

Das Buch enthält Lokalkolorit im Großverbraucherpack. Zahlreiche Personen des öffentlichen Lebens aus Siegen tauchen klar erkennbar auf, auch wenn der Autor im Vorwort schreibt, daß alle „Ähnlichkeiten mit lebenden Personen und Handlungen rein zufällig" seien und nicht beabsichtigt sind. Doch wer will das noch glauben, wenn ein Kreis-Kulturreferent auftaucht, der dichtes, krauses Haar hat und auch noch Stettner heißt? Oder bei einem detailliert beschriebenen Staatsanwalt, mehreren Feuerwehrmännern oder dem Oberkreisdirektor?

Und das Lokalkolorit ist schließlich auch das Element, das überzeugt. Die Handlung ist nicht schlechter, aber auch nicht besser als in jedem x-beliebigen Kriminalroman. Nur spielt das Ganze halt in und um Siegen, und das macht die Sache ungeahnt reizvoll. Da stört es auch nicht, daß mit der Figur des Tristan Irle fast „auf Teufel komm raus" krampfhaft ein Privatdetektiv mit Charisma aufgebaut wird. Die Mischung aus ein wenig Sherlock Holmes, viel Hercule Poirot und einer Prise Magnum ist aber gelungen und hat etwas Liebenswertes.

Wer Spaß an lockerer Unterhaltung hat und sich das Siegerland einmal mit etwas anderer Literatur als Heimatbüchern näherbringen will, für den ist „MordPur" genau das richtige. Nichts für jemanden, der höhere Literatur erwartet, jedoch geeignet für den Siegerländer, der leichte Krimi-Literatur mag. Bleibt abzuwarten, ob das Siegerland noch genügend Stoff für eine weitere Fortsetzung der „Tristan-Irle"-Reihe hergibt, bevor die Story „ausgelutscht" erscheint. Noch jedenfalls macht es Spaß, von Tristan Irle zu lesen. win

Buch-Cover 1993

Buch-Cover 1995

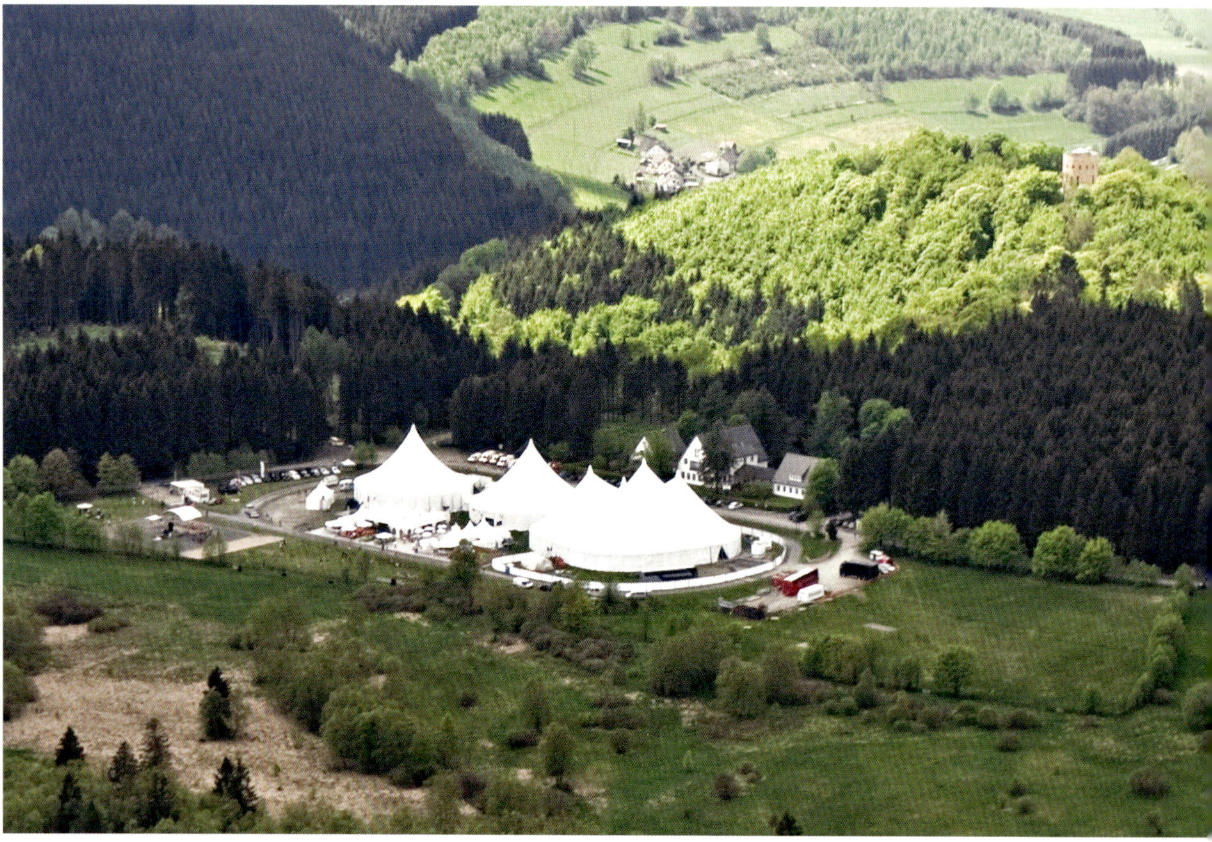

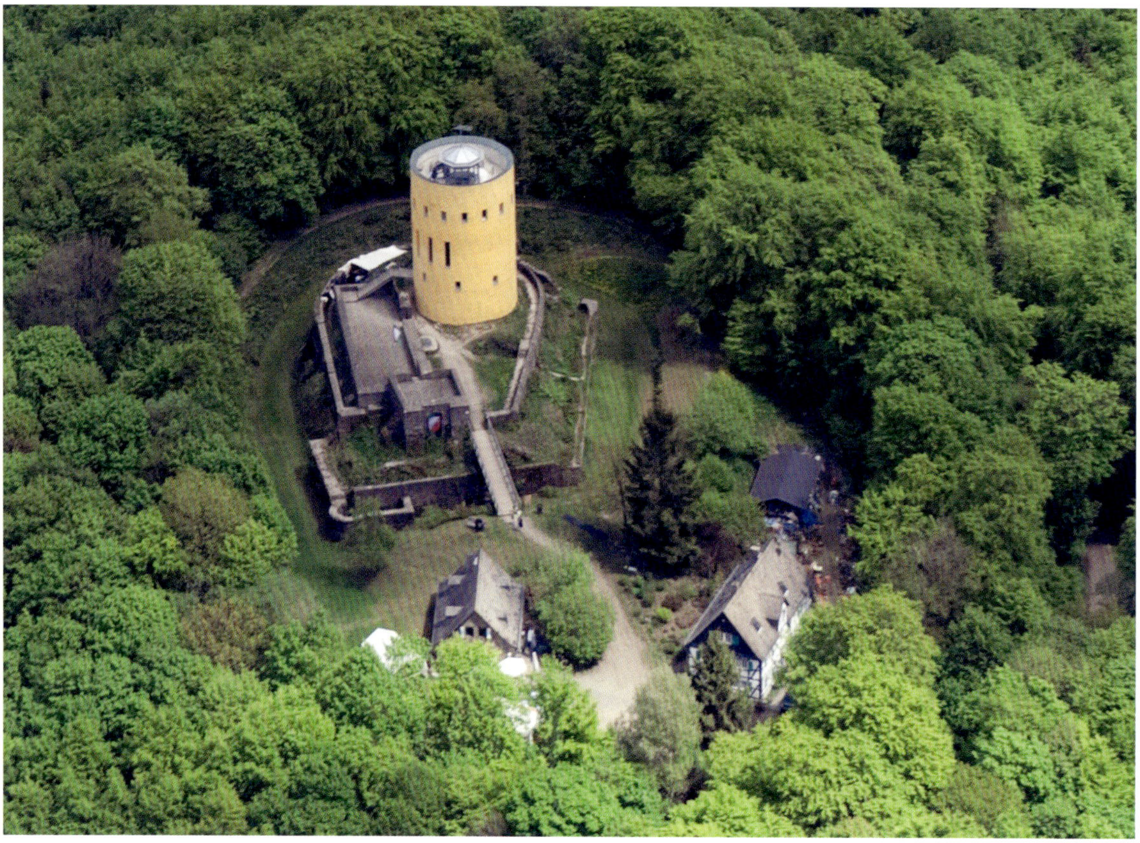

oben: Panoramaaufnahme von der Ginsberger Heide zu Pfingsten. Großer Zeltplatz zum KulturPur-Festival 2010. Im Hintergrund die Ginsburg. In der Bildmitte die Pension und Restaurant, rechts das Forsthaus.

links: Die Ginsburgruine aus der Vogelperspektive mit dem Bergfried in der Anlagenmitte.

rechts: Alter Ortskern von Neunkirchen mit der evangelischen Kirche im Hintergrund.

Recherche-Aufnahme Burgfried.

Fall: 3
Erscheinungsjahr: 1993
Auflagen: 4
Seitenzahl: 263
Absätze: 1716
Wörter: 48779
Personenanzahl: 23

Seite aus dem Kochbuch, Obersdorfer Rezepte, 1981.

S C L A P P E R M O S

1 Kopf Weißkohl
fetten Speck
2 Eßl Mehl
1/8 l Milch
Salz
Pfeffer
evtl. etwas Muskat

Zubereitung:

Weißkohl fein schneiden und in etwa 1 l leichten Salzwasser abkochen. In der Zwischenzeit Speck in hauchdünne Scheiben schneiden und ausbraten. Nun die 2 Eßl. Mehl dazugeben, mit etwas Gemüsebrühe und Milch ablöschen, mit Salz, Pfeffer und Muskat abschmecken und das abgetropfte Gemüse hineingeben.

Dazu Suppenfleisch und Salzkartoffeln reichen.

Ralf Strackbein

Tristan Irle

Die Abseitsfalle

Ein Siegerländer Kriminalroman

𝔗𝔯𝔦𝔰𝔱𝔞𝔫 𝔍𝔯𝔩𝔢 – Die Abseitsfalle

Es war eine turbulente Zeit, als ich „Tristan Irle – Die Abseitsfalle" schrieb. Im Mai 1994 nahm ich meine erste Stelle nach dem Studium an. Doch nach vier Wochen schmiss ich den Job wieder hin. Gut, dass es Probezeit gibt – ich passte ganz eindeutig nicht zu dieser Firma. Drei Monate später heuerte ich in Frankfurt a. Main bei einem Verband in der Presseabteilung an und blieb dort zwei tolle Jahre.

Bereits im Mai 1994 recherchierte ich zu meinem neuen Roman, dessen Hauptthema der Frauenfußball werden sollte. Damals lernte ich Gerd Neuser, den Macher der Frauenmannschaft des TSC Siegen, Rosi Neuser und Silvia Neid kennen. Es ist schön, dass ich die drei nun seit einigen Jahren wieder regelmäßig treffe. Silvia Neid, die heute Bundestrainerin ist und 2011 ihren Weltmeistertitel im eigenen Land verteidigen will, war damals engagierte Spielerin. Meine Fußballkenntnisse bewegten sich seinerzeit auf dem Niveau eines Erstklässlers, die Recherche sorgte für eine problemlose Versetzung in die zweite Klasse. Doch im Buch sollte es ja nur am Rande um Fußball gehen, im Mittelpunkt stand für mich mehr die Tatsache, dass die Frauen weit bessere Leistungen lieferten als die Herren und dennoch weniger beachtet wurden.

Ich dachte mir also eine schöne Intrige aus und begann zu schreiben. Als ich im Juli die neue Stelle in Frankfurt annahm, wurde es plötzlich hektisch. Eine Wohnung musste im Maingebiet gefunden werden, mein alter Honda Jazz (damals etwas größer wie ein Smart) hätte die Wochenendfahrten nach Hause nicht lange überlebt, also kaufte ich gleich auch noch ein neues Auto. Von Pausen konnte ich in dieser Zeit nur träumen, dennoch schaffte ich mir immer wieder Ruhephasen, bis mir eine Salmonellenvergiftung den ganzen Zeitplan zermatschte.

Etwas Gutes hatte diese Vergiftung allerdings. Erstens wurde ich mehr oder weniger ans Haus gefesselt, und zweitens wurde mein Erfahrungsschatz um die Bekanntschaft mit dem Gesundheitsamt erweitert. Dank einer intensiven Entschlackungskur wurde ich diese kleinen Biester wieder los und fand genügend Zeit, den Roman zu Ende zu schreiben.

Übrigens: Die Frauenfußballmannschaft des TSV Siegen holte in diesem Jahr die Deutsche Meisterschaft nach Siegen, sie sollte es 1996 zum letzten Mal wiederholen.

Jubelnd riß Doris Fitschen den Meisterpokal in die Höhe, den der Siegener Spielführerin zuvor DFB-Präsidiumsmitglied Engelbert Nelle (rechts) überreicht hatte. Die gebürtige Wolfsburgerin war zum ersten Mal Deutsche Fußball-Meisterin geworden. Unser Bild zeigt ferner DFB-Damen-Referentin Hannelore Ratzeburg (links neben Fitschen) und Horst R. Schmidt vom Spielausschuß des Deutschen Fußball-Bundes. (Zweiter von rechts)

Dieses Foto auf dem Titelbild des Damen-Fußball-Magazins „dieda" brachte wegen der Abbildung von Rekord-Nationalspielerin Silvia Neid zusammen mit Franz Beckenbauer den TSV-Vorstand in Rage. Zu Unrecht, wie Deutschlands Ausnahmespielerin wegen bestehender Verträge meint.

Buch-Cover 1994 - 2008

oben: Brunnen hinter der Marienkirche. Im Hintergrund das alte Pfannkuchenhaus, das als Vorlage in „Tristan Irle – Die Abseitsfalle" dient.

oben rechts: Das Vereinshaus des Turn- und Sportvereins Siegen in Trupbach.

rechts: Das Hofbachstadion, in dem spektakuläre Spiele vor begeistertem Publikum stattfanden.

links: Das Krönchen fotografiert durch die Barstewende.

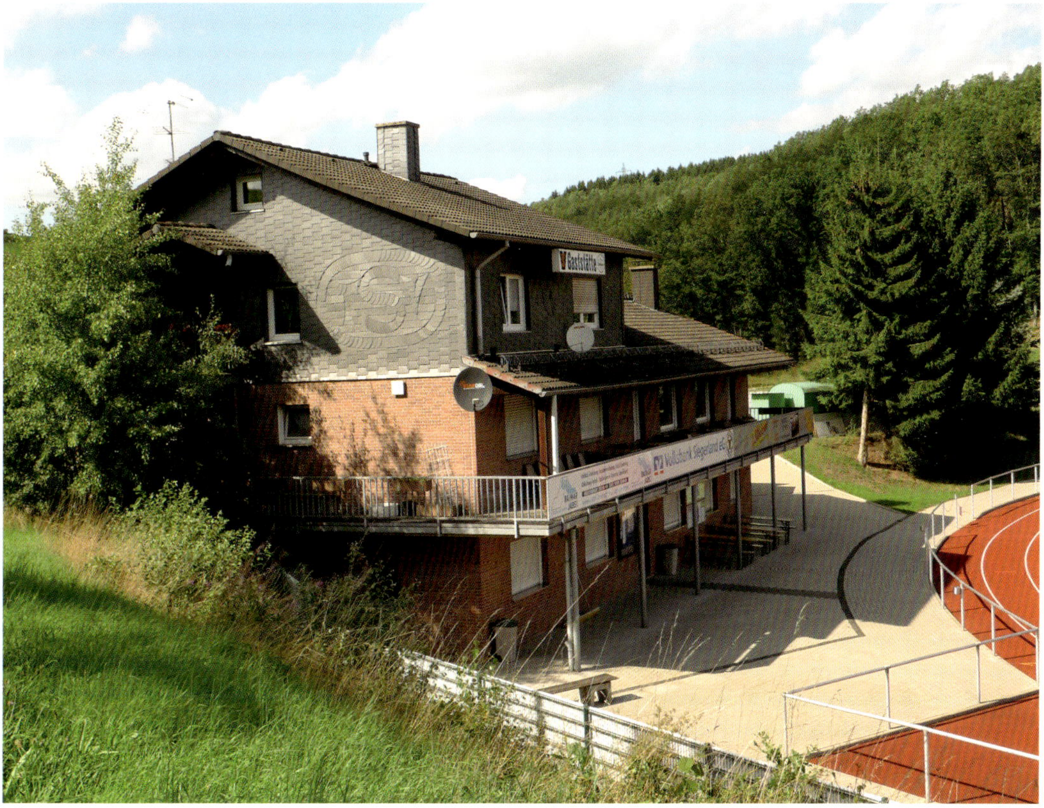
Gaststätte
Volksbank Siegerland eG

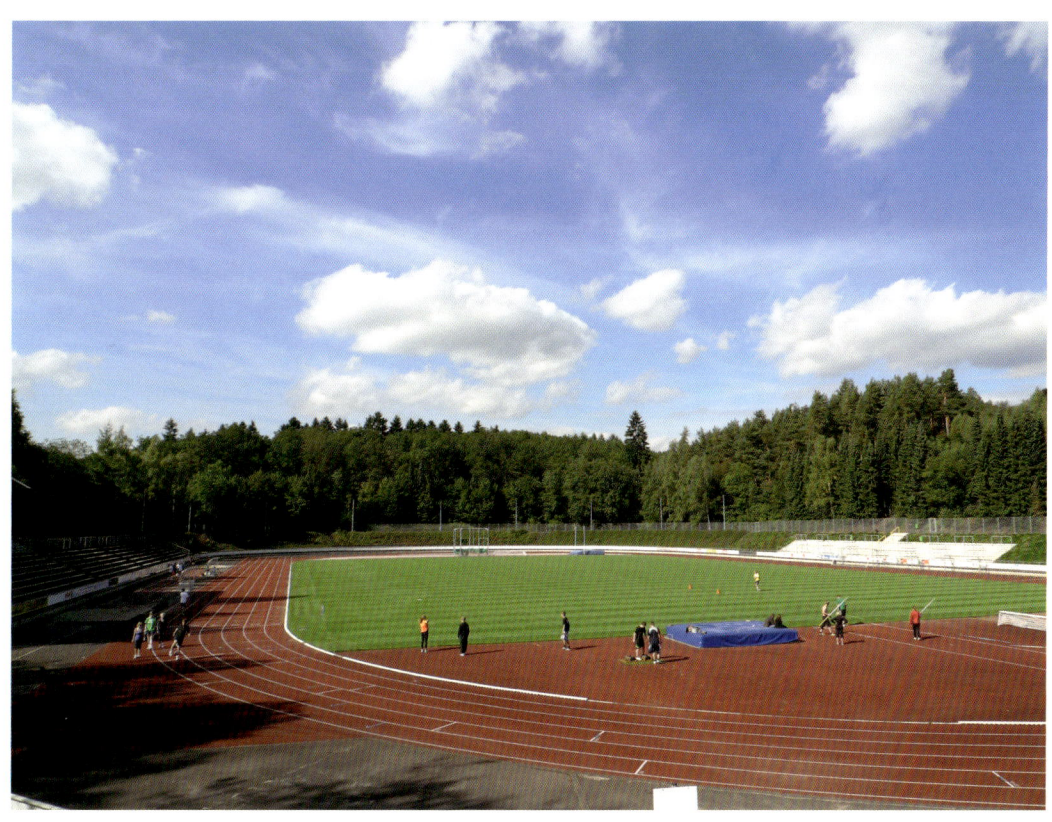

Die Damenmannschaft des TSV Siegen wurde:

Deutscher Fußballmeister:
1987, 1990, 1991, 1992, 1994, 1996

DFB-Pokalsieger:
1986, 1987, 1988, 1989, 1993

und im Jahre 1987 gelang den Damen des TSV sogar das Double (Meister und Pokalsieger).

Marlowe-Zitat:

Wo jeder, mit sich
   selbst genug geplagt,
So selten nach dem
   Nachbarn fragt.

Johann Wolfgang Goethe

Fall: 4
Erscheinungsjahr: 1994
Auflagen: 3
Seitenzahl: 277
Absätze: 1999
Wörter: 47519
Personenanzahl: 22

Ralf Strackbein

Tristan Irle
Das *sexte* Gebot

Ein Siegerländer Kriminalroman

Tristan Irle – Das sexte Gebot

Das sechste Gebot lautet: Du sollst nicht ehebrechen. Wie geschaffen für einen Krimi-Titel, der 1995 im Rotlichtmilieu spielen sollte. Allerdings wurde meine Inspiration bei diesem Buch überschattet von einem echten und sehr brutalen Mord. Drei Jahre zuvor tobte ein Kampf um die Vorherrschaft im Siegener Rotlichtmilieu. Es bekämpften sich seinerzeit die hier ansässigen Milieugrößen mit Expansionswilligen aus Koblenz. Der traurige Höhepunkt war eine Autobombe, die eine der Siegener Rotlichtgrößen zusammen mit einer jungen Frau vor dem damaligen Parkhotel neben der Siegerlandhalle verletzte. Beide waren mir bekannt.

Siegen schrumpfte damals mit vorrückender Stunde zu einem Dorf zusammen. Ab vier Uhr morgens gab es nicht mehr viele Orte, an denen sich Nachteulen noch auf ein Bier bei guter Musik treffen konnten. Bevorzugte man ein gewisses Niveau, kam eigentlich nur ein Club in Frage: das Monokel. Freitag- und Samstagnacht fielen nach drei Uhr morgens die Vertreter des Milieus samt ihrer weiblichen Entourage ein. Besuchte man den Club regelmäßig, was ich ausgiebig tat, war es einfach nur eine Frage der Zeit, bis man sich mehr oder weniger kennenlernte.

Drei Jahre nach dem Anschlag kam mir die Idee, dieses Ereignis in einem Krimi zu verwenden. Ich veränderte die Rahmenbedingungen und passte die heimtückische Mordmethode meinem Plot an. Als überzeugter Christ liebe ich die Geschichte von der Hure Magdalena, die Jesus die Füße wusch. Ein romantisches Bild à la „Pretty Woman" sollte in dem Buch dargestellt werden. Dass dies in 95 % der Fälle nicht zutreffend ist, sei hier deutlich gesagt. Die Damen des horizontalen Geschäfts, die ich damals kennenlernte, gingen ihrem Job aus Überzeugung nach. Eines dieser Mädchen nannte sich Suleika, und sie erzählte mir, dass es keine „einfachere Arbeit" für ein 20-jähriges Mädchen gab, um mehrere Tausender im Monat zu verdienen. Der Schmuck an ihren Handgelenken unterstrich diese Aussage. Jedenfalls überraschten mich die Ladys mit ihrem wachen Verstand. Mag sein, dass man morgens um halb vier, den Kopf mit 1000-Watt-Boxen seit Stunden ein bisschen matschig gedröhnt und geblendet von weiblichen Rundungen, weniger kritisch war. Unterm Strich waren es Menschen, die auf ihre Weise Glück suchten. Das Einzige, was sie von den anderen Discobesucherinnen unterschied, war ihre qualitativ hochwertigere Kleidung.

Ralf Strackbein las vor großer Fangemeinde aus seinem fünftem Siegen-Krimi: „Das sexte Gebot"

Rückgriff auf Realität: Attentat und Rotlicht

Siegen. (MA) „Das sexte Gebot" heißt der fünfte – garantiert nicht letzte – Siegen-Krimi von Ralf Strackbein, den der Autor in erster Lesung seiner Fan-Gemeinde in der Buchhandlung am Kölner Tor vorstellte. Sein Fazit: „Wie ich so gehört habe, soll es der bisher beste sein."

Im Unterschied zu den Vorgängern, ist der mörderische Zusammenhang mit dem Tatort diesmal ausgesprochen real. Strackbein las aus den ersten Kapiteln: „Was für eine Sauerei, schimpfte Hauptkommissar Pfeifer. Vor ihm lagen die Überreste eines BMW, den man samt seinen Insassen in der Nacht zuvor in die Luft gesprengt hatte. Zwischen Siegerlandhalle und Hotel verteilten sich die Überreste des Autos." Da kommt die Explosion eines Mercedes neben dem Parkhotel im November 1992, der Tod des Opfers nach dem Anschlag, das heimische Rotlichtmilieu, authentisch in Erinnerung.

Die Prostituierte stirbt im Krimi nicht im Auto, sondern im Bett, der Zuhälter heißt im Buch Charlie. Das Opfer im Wagen ist ein Freier, zugleich führend in einer freikirchlichen Siegerländer Gemeinde. Niemand soll hier gekränkt sein.

Solche Typen gibt es auch in den Gemeinden der Amtskirche. Der fromme Freier ist Erzeuger eines Babies, das dessen verzweifelte Mutter vor dem Altar der Marienkirche aussetzt. Tristan Irle und Helga (nicht Isolde) bringen dann alles in Ordnung.

„Jede Ähnlichkeit mit realen Tatbeständen......ist rein zufällig", steht dem erstmals in der Serie illustrierten Werk voran. Auch der Hotelparkplatz ist abgebildet.

Der Geniestreich bleibt. Die Stadt hat „ihre" Krimis: Daß Tristan Irle seine Brötchen am Löhrtor kauft, gefällt dem Leser, weil er auch schon da gekauft hat. Konturen von Bekannten könnten sich abzeichnen. Strackbein bedauert: „Die Bürgermeisterin ist mir ja leider verloren gegangen."

Es bleibt eigentlich nur eine einzige betrübliche Schlußfolgerung: Ralf Strackbein geht bisher noch die nicht unwesentliche Gabe ab, gekonnt zu formulieren. Aber – Kritik ist ein weites Feld. Skeptiker sollten „Das sexte Gebot" selbst erwerben und prüfen, die anderen kaufen es sowieso. Die Bücher gehen weg – wie warme Reibekuchen.

Ralf Strackbein muß sich nicht hinter seinen Büchern verstecken. Die Krönchenstädter lieben Siegen-Krimis.
(WR-Bild: Horstgünter Siemon)

Die Rubensstadt hat ihre Krimis
R. Strackbein las aus „Das sexte Gebot"

SIEGEN. OK. „Ich habe das Buch für unsere Region geschrieben", erklärte der Siegener Autor Ralf Strackbein anläßlich der ersten Lesung seines neuesten Buches in der Buchhandlung am Kölner Tor. Man glaubt ihm aufs Wort, denn „Das sexte Gebot" erinnert jeden Leser an bekannte Plätze oder Geschehnisse in der Krönchenstadt.

Wie real der mörderische Zusammenhang mit dem Tatort sein kann, erfuhren die Zuhörer schon aus den ersten Kapiteln: „Was für eine Sauerei, schimpfte Hauptkommissar Pfeiffer. Vor ihm lagen die Überreste eines BMW, den man samt seinen Insasssen in der Nacht zuvor in die Luft gesprengt hatte. Zwischen Siegerlandhalle und Hotel verteilten sich die Überreste des Autos."

Wer erinnert sich bei diesen Zeilen nicht an den Bombenanschlag vom November 1992, dessen Ursache im Siegener Rotlichtmilieu zu suchen war. „Jede Änlichkeit mit realen Tatbeständen ist rein zufällig," heißt es im Vorwort des Werkes. Trotzdem, die packende Handlung ermöglicht es dem Leser sehr schnell, in die fiktive Krimi-Welt abzutauchen.

Autor Ralf Strackbein und sein Werk. Foto: Olaf Kurth

Parallele Handlungsführungen, Zeitsprünge sowie die spannenden Situationsbeschreibungen – das ist das literarische Handwerkszeug, mit dem der 33jährige Autor in diesem Buch wunderbar jongliert. Eins steht fest: Die Rubensstadt hat ihre Krimis. Das zeigt sich nicht zuletzt daran, daß die Hauptfigur, Privatdetektiv Tristan Irle, seine Brötchen am Löhrtor oder in der Marienborner Straße kauft.

Wie die Zukunft der Krimi-Serie aussieht erklärte Ralf Strackbein gegenüber der RZ: „Die Recherchen für das neue Werk laufen bereits."

oben: Altar der Marienkirche in der Oberstadt. Das baroke Kirchenschiff wird von der fiktiven Figur des Diakons gern genutzt.

links: Die Alte Vogtei in der Burbacher Ortsmitte. Das geschichtsträchtige Fachwerkhaus mit Sitz des Kulturbüros und eines Trauzimmers wird für Kulturveranstaltungen genutzt.

rechts: Das Hotel neben der Siegerlandhalle gehört heute zum Kongresszenzrum Siegerland und war in den 90er-Jahren Schauplatz eines gemeinen Mordes.

Einst die sündige Meile Siegens, die Hagener Straße.

Borgward Isabella Cabriolet,
Foto: Henry Preneux

Marlowe-Zitat:

Über den Himmel Wolken ziehn,
Über die Felder geht der Wind,
Über die Felder wandert
Meiner Mutter verlorenes Kind.
 Hermann Hesse

Fall: 5
Erscheinungsjahr: 1995
Auflagen: 3
Seitenzahl: 285
Absätze: 2019
Wörter: 50081
Personenanzahl: 19

Ralf Strackbein

Tristan Irle

und

Das Rathauskomplott

Ein Siegerländer Kriminalroman

Tristan Irle und Das Rathauskomplott

Dieser Krimi erschien im Jahr 1996. Für mich war dieses ein sehr turbulentes Jahr. Nach zwei Jahren in Frankfurt a. M. zog es mich im Sommer wieder zurück in die Heimat. Nach dem Umzug wagte ich den Schritt in die Selbstständigkeit und gründete meine kleine aber feine PR-Agentur. Seit dieser Zeit stehe ich wirtschaftlich selbstständig auf zwei Beinen.

Neben den beruflichen Veränderungen erfüllte ich mir im Frühjahr 1996 den Traum vom eigenen Flugzeug, das zuvor in der Garage mithilfe meines Vaters nach knapp zweijähriger Bauzeit fertiggestellt wurde. Einen ganzen Sommer lang habe ich es geflogen und dann aus Vernunftsgründen wieder verkauft. Es ist nicht ratsam, sich mit einem Haufen Schulden selbstständig zu machen. So sah ich dem neuen Besitzer mit einem lachenden und einem weinenden Auge zu, wie er den kleinen Zweisitzer von der Eisernhardt startete.

Im Frühjahr recherchierte ich zum ersten Mal ausgiebig im Umfeld der Lokalpolitik. Eine kommunale Reform stand an. Zum ersten Mal sollten in NRW die gewählten Bürgermeister auch gleichzeitig die kommunale Verwaltung leiten. Bis zu diesem Zeitpunkt gab es einen Bürgermeister als politischen Vertreter und einen Stadtdirektor als Verwaltungsleiter. Mein Gefühl sagte mir, dass diese Veränderung – nun sagen wir mal – eine gewisse explosive Mischung in die Reihen der Parteien tragen würde.

Vorsichtig streckte ich also die Fühler aus und fand – um im Bild zu bleiben – mehr als eine brennende Zündschnur. Meine Intuition gab mir recht, und aus den gewonnenen Informationen wurde schließlich der Roman „Tristan Irle und Das Rathauskomplott". Inwieweit das Buch Auswirkungen auf die folgende Wahl hatte, kann ich heute nicht genau sagen. Es gehört aber in der Tristan-Irle-Reihe zu denen, die in unserer Region eine nachhaltige Wirkung hinterließen.

Mord auf dem Markt und Filz im Rathaus

Ralf Strackbein mit neuem Siegen-Krimi

Siegen. (mike) Die männliche Siegerländer Version von Miss Marple feiert Geburtstag: Seit fünf Jahren wacht der Privatdetektiv Tristan Irle, der der Phantasie des Siegener Autors Ralf Strackbein entstammt, über Ruhe und Sicherheit in der Stadt unterm Krönchen.

Pünktlich zum kleinen Jubiläum stellte Ralf Strackbein jetzt das sechste Abenteuer von Tristan Irle vor. In seinem neuen Roman „Tristan Irle und das Rathauskomplott" hat der Privatdetektiv die heikle Aufgabe, einen Mord auf dem Weihnachtsmarkt aufzuklären. Polizei und Staatsanwaltschaft nehmen die Ermittlungen auf. Eine junge Journalistin ist ihnen jedoch eine Nasenlänge voraus. Da sie Verbindungen zum Rathaus vermutet, schaltet sie Privatdetektiv Tristan Irle ein. Kaum nimmt sich dieser des Falles an, überstürzen sich die Ereignisse. Machenschaften allerorts und der kommunale Filz drohen schließlich, die Ermittlungen zu ersticken. „Tristan Irle und das Rathauskomplott" von Ralf Strackbein ist mit einer Erstauflage von 3000 Exemplaren erschienen.

Mit „Tristan Irle und das Rathauskomplott" stellte Autor Ralf Strackbein den sechsten Siegerländer Kriminalroman vor.
WP-Foto: Michael Katz

Buch-Cover 1996 - 2005

Siegens Nikolaikirche bei Nacht, fotografiert von Reiner Vogels.
oben rechts: Der alte Weihnachtsmarkt auf der Siegplatte, ebenfalls fotografiert von Reiner Vogels. Mehr dieser atemberaubenden Fotos finden Sie in seinem Buch „Bilder sind Geschichten" oder unter www.vogels-foto.de

Der alte Ratssaal der Stadt Siegen.

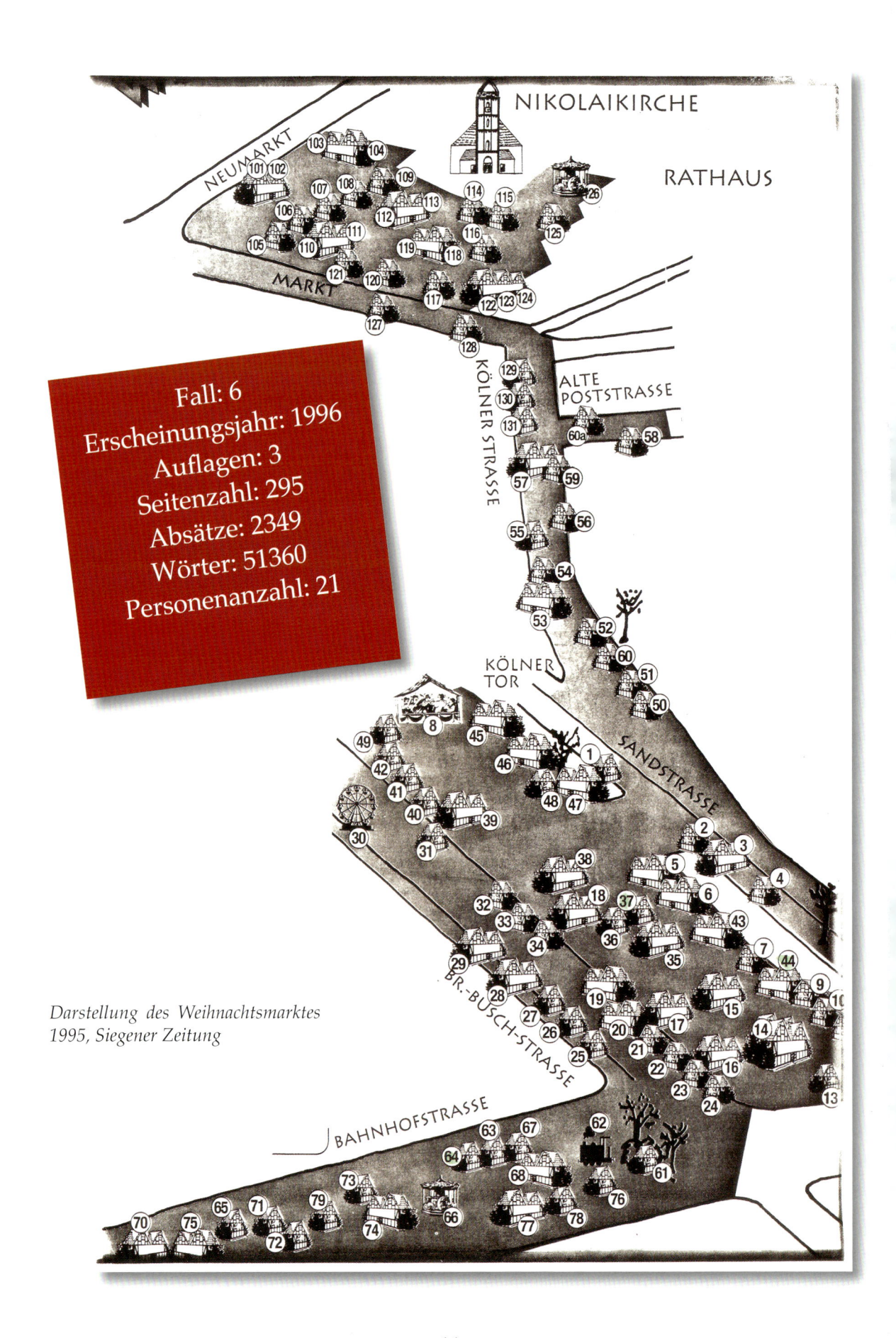

Fall: 6
Erscheinungsjahr: 1996
Auflagen: 3
Seitenzahl: 295
Absätze: 2349
Wörter: 51360
Personenanzahl: 21

Darstellung des Weihnachtsmarktes 1995, Siegener Zeitung

Ralf Strackbein

Tristan Irle
Der Braumeister

Ein Siegerländer Kriminalroman

Tristan Irle – Der Braumeister

Das Siegerland und seine Brauereien wurden 1997 von mir aufgegriffen. In diesem Krimi inspirierten mich erfolgreiche Unternehmen aus der Region, eine spannende Handlung rund um ein internationales Brauereifest aufzubauen. Ich wendete dabei das Prinzip „David gegen Goliath" an, wobei ich der größeren Brauerei in unserer Region den schillernden Part in der Geschichte zuspielte. Das irritierte die Verantwortlichen erst mal. Nach der Lektüre beruhigte sich das Management jedoch, und heute würde die Geschichte so gar nicht mehr funktionieren, da beide Brauereien nun denselben Besitzer haben.

Die Idee zu der Geschichte kam mir bei einer Kundenveranstaltung der Volksbank. Dort ging es um die wirtschaftlichen Möglichkeiten mittelständischer Unternehmer aus dem Siegerland im Osten. Damals begann der Riese China gerade zu erwachen und alle Welt zog es nach Asien. Ich fand die Idee, dass das Know-how aus dem Siegerland in China auf fruchtbaren Boden fallen könnte, interessant. Mittlerweile sind zwar keine heimischen Brauereien nach China gegangen, aber dafür macht dort der Maschinenbau aus der Region gute Geschäfte.

Neben den Brauereien kommt noch ein Siegener IT-Unternehmen in dem Roman vor. Das wurde notwendig, da sich Tristan Irle zum ersten Mal mit einem Computer und eMails herumschlägt, was ihn bei seinen Ermittlungen dann auch gleich auf mysteriöse verschlüsselte Nachrichten stoßen lässt. Da Tristan zwar ein exzellentes Geniehirn besitzt, aber ansonsten mit elektronischen Maschinen auf Kriegsfuß steht, betrat *Sina Santes*, eine meiner Lieblingsfiguren, die Bühne. *Sina* ist Computerexpertin mit sehr eigenwilligen Einstellungen, die sie *taff* herüberbringt.

Der eigentliche Verschlüsselungscode basierte auf einer alten und sehr einfachen Weise. Ihn zu knacken erforderte dennoch Expertenwissen, und weil ich gerne meine Leser an den Rätseln beteilige, habe ich den Roman so aufgebaut, dass man mitentschlüsseln kann. Dass beim ersten Druck dann dummerweise eine chiffrierte Botschaft falsch abgedruckt wurde, führte zu regem Austausch mit meinen Lesern. Der Fehler hat mich höllisch geärgert, aber die tolle Kommunikation mit den Lesern tat mir gut.

INTERVIEW

Ähnlichkeiten mit lebenden Personen wären rein zufällig

Neuer Fall für Tristan Irle ab heute im Buchhandel

WP: *Wer kennt sie nicht: den Privatdetektiv, der Strickjacken liebt und seine Lebensabschnittsgefährtin Helga? Siegener Krimifans dürfen sich auf ein neues Buch mit Detektiv Tristan Irle freuen?*

Ralf Strackbein: Ja, es heißt „Der Braumeister" und ist ab heute in den Buchhandlungen zu haben. Heute Abend, um 20 Uhr, werde ich in der Bücherei „Am Kölner Tor" aus diesem neuen Buch vorlesen.

WP: *Worum geht es diesmal?*

Strackbein: Wie immer um einen Mord. Da ist die Spannung von vornherein vorgegeben. Aber mehr wird nicht verraten.

WP: *Wie sind Sie auf die Idee gekommen, Kriminalromane zu schreiben, die in Siegen spielen?*

Strackbein: Die Idee, Lokalkriminalromane zu schreiben, stammt aus Paris. Ich habe sie nur aufgegriffen.

WP: *Ihre Buchhelden ähneln oft Siegener Persönlichkeiten. Ist das beabsichtigt?*

Strackbein: Auf keinen Fall.

Ralf Strackbein

Es sind frei erfundene Geschichten. Es ist die Sache des Lesers, Ähnlichkeiten mit lebenden Personen zu entdecken. Ich erfinde die Geschichten und lasse sie lediglich an gegebenen Handlungsorten hier in Siegen spielen. Ich versuche damit, auch Menschen, die nicht aus Siegen stammen oder hier leben, die Stadt näherzubringen.

WP: *Haben Sie Vorbilder, denen Sie nacheifern?*

Strackbein: Ich bin von den klassischen Krimis ausgegangen wie Agatha Christie oder anderen klassischen Krimiautoren. Mein Tristan Irle hat auch etwas von Agatha Christies Miss Marple. Zudem gibt es immer eine Stammbesetzung.

WP: *Werden Sie nicht oft beschimpft, wenn sich lebende Personen mit den Romanfiguren identifizieren?*

Strackbein: Sehr selten fühlen sich Leute angesprochen. Ich will auch niemanden beleidigen. Natürlich versuche ich mit den Handlungen auch schon einmal in eine bestimmte Ecke zu leuchten, um Denkanstöße zu geben.

WP: *Wieviele Bücher haben Sie bereits verkauft?*

Strackbein: 25 000 Exemplare sind bisher in sieben Jahren, in denen ich schreibe, verkauft worden.

Mit Ralf Strackbein, dem Autor der Kriminalromane „Tristan Irle", die allesamt in Siegen spielen, sprach Rita Lehmann.

oben: Der Schlosspark in seiner sommerlichen Pracht ist Erholungsort und einer der romantischsten Plätze in der Stadt. Schauplatz in vielen meiner Tristan-Irle-Romane.

oben rechts: Die großen Gebäude der Krombacher Brauerei in Krombach.

rechts unten: Das Stammhaus der Eichener Brauerei mit angegliederten Wirtschaftsgebäuden.

links: Das Sudhaus mit den großen Glasscheiben, die den Blick auf Kessel und Rohre freigeben.

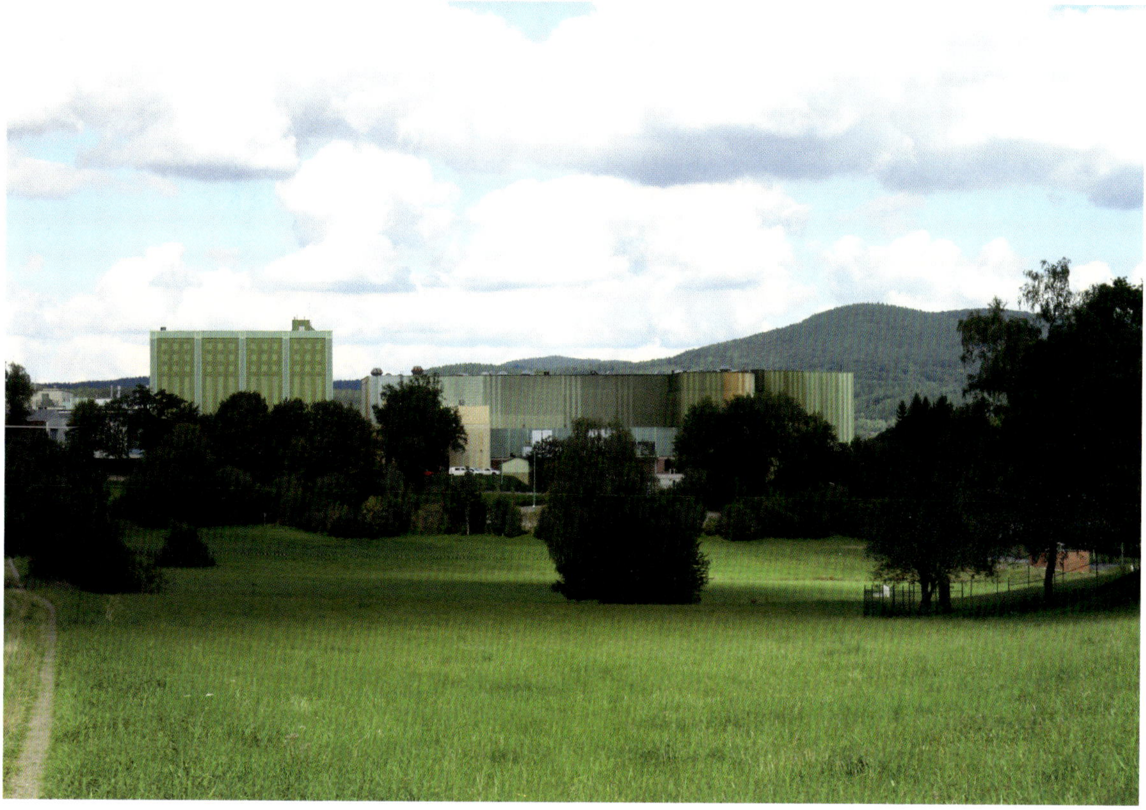

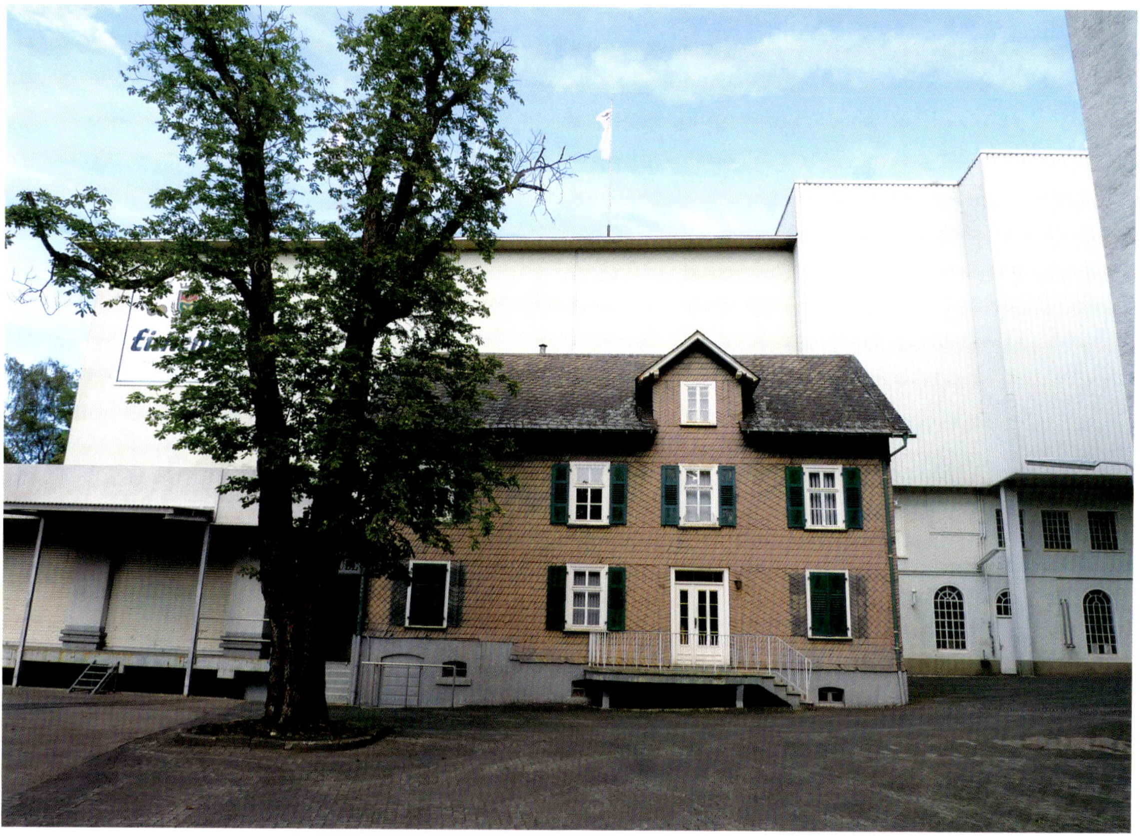

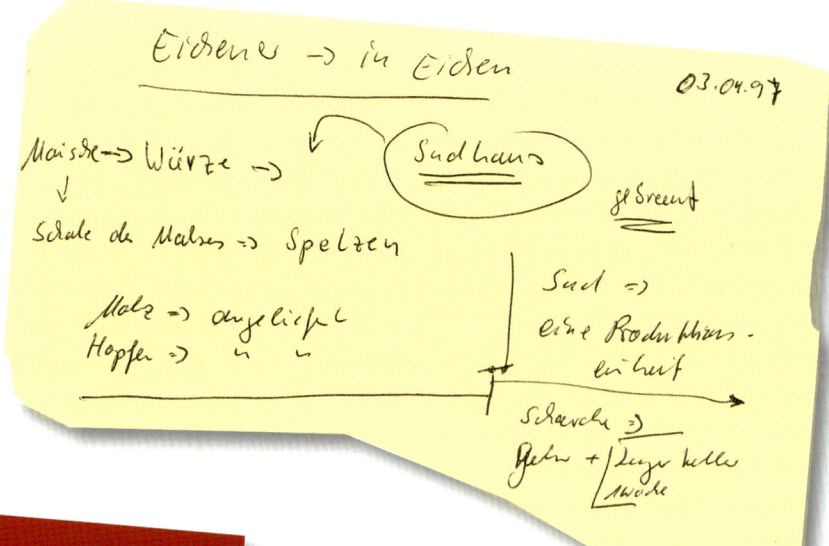

Fall: 7
Erscheinungsjahr: 1997
Auflagen: 4
Seitenzahl: 336
Absätze: 4344
Wörter: 66656
Personenanzahl: 19

Handschriftliche Notizen zum Thema Bierbrauen vom 03.04. 1997.

Ralf Strackbein

Tristan Irle

GEGEN DEN STRICH.

Ein Siegerländer Kriminalroman

𝕿𝖗𝖎𝖘𝖙𝖆𝖓 𝕴𝖗𝖑𝖊 – Gegen den Strich

Im Jahre 1999 schlug die Kulturschmiede um Wolfgang Suttner mit einem Hammer zu und bescherte der Welt die erste Ausstellung des Beatle Paul McCartney. Ein Jahr zuvor, im Frühjahr 1998, traf ich mich mit Wolfgang Suttner, um mal ein lockeres Gespräch zu führen. Mir war die Idee gekommen, dieses Ereignis in einem Tristan-Irle-Fall zu bearbeiten. Bis dahin waren für meine Romane nur Ereignisse von Bedeutung gewesen, die bereits Vergangenheit waren. Jetzt wollte ich herausfinden, ob es möglich wäre, einen Roman vor dem Ereignis zu schreiben.

Wie bereits bei den Recherchen zu „Tristan Irle – MordPur" stand auch dieses Mal wieder das Kultur!Büro voll hinter meinen Bemühungen. Ich bekam Einblicke in die Pläne des LŸZ-Umbaus. Damit konnte ich den Handlungsort möglichst genau beschreiben, obwohl er zum Zeitpunkt der Niederschrift noch gar nicht existierte. Da Tristan-Irle-Romane Lokalkrimis sind und auch bleiben werden, überlegte ich mir eine Geschichte rund um einen Siegerländer Künstler. Gespräche mit Annette Besgen und Ulrich Langenbach sowie Besuche in ihren Ateliers vermittelten mir den nötigen Einblick, um loszulegen.

Natürlich sollte auch ein weltberühmter Popstar auftreten, und da passte es gut, dass sich der Diakon Erich Roth als Beatle-Fan outete. Mit dem Erscheinen eines großen Weltstars in der Rubensstadt ergibt sich automatisch Konfliktmaterial. So tauchen die Größen des Kunsthandels und der Kunstkritik auf, wie auch die heimischen Kultursprecher.

Mit der Hilfe meines damaligen Apothekers Hans Jürgen Henning bekam ich aufschlussreiche pharmazeutische Erklärungen, die für den Fall unerlässlich waren. Mehr sei dazu aber nicht verraten.

Da das Buch auch während der Ausstellung noch zu haben sein würde, entschied ich mich, bei der Umschlaggestaltung auf professionelle Hilfe zu setzen. Ein weiterer Siegener Künstler, Ulrich Bender, gestaltete das Cover, und so kam dann im Oktober 1998 das Buch in den Handel.

Als dann im Frühjahr 1999 der zum Maler gewordene Paul McCartney seine Ausstellung eröffnete, konnten die Besucher an der Kasse auch den Roman „Tristan Irle – Gegen den Strich" erwerben.

Lesung in den Erndtebrücker „Ratsstuben":

Autor Ralf Strackbein begeisterte 50 interessierte Zuhörer

Erndtebrück. Im Rahmen seiner ersten Autorenlesung im Wittgensteiner Land las der durch seinen Privatdetektiv Tristan Irle bekanntgewordene Siegener Autor Ralf Strackbein aus seinem aktuellen Krimi. Durch Vermittlung der Buchhandlung Weiand und in Zusammenarbeit mit der Erndtebrücker Kulturinitiative erhielten die fast 50 Interessenten in den „Ratsstuben" eine spannende Einführung in den nunmehr 8. Tristan-Irle-Krimi. Im Mittelpunkt steht die Aufklärung eines Mordfalles im Siegerländer Künstler-Milieu, eine Untersuchung, die vielen Kultur- und Kunstschaffenden „gegen den Strich geht", zumal dabei manches zu Tage kommt, was man lieber unter der Decke gehalten hätte.

Die Atmosphäre der Veranstaltung lockerte sich aufgrund zahlreicher Fragen an den Autor schnell auf. Dabei wurden die bereits aus den vorhergehenden Romanen bekannten Personen und ihre Beziehungen sowie die Arbeitsweise und Risiken des Schriftstellers nicht ohne Witz und Humor offengelegt. Mit einem Schmunzeln wurde zur Kenntnis genommen, daß die mitunter frappierenden Ähnlichkeiten mit lebenden Zeitgenossen, Strukturen und Gesellschaften - einige Leser und Irle-Fans glaubten sie auf Schritt und Tritt feststellen zu können - unbeabsichtigt und als rein zufällig zu betrachten sind. Darüber hinaus werden natürlich auch heimatkundliche Fakten vermittelt.

Unbeantwortet blieb indes die Frage, ob Tristan Irle künftig gezwungen sind wird, seine Detektivarbeit auf den Wittgensteiner Raum auszudehnen, da auch hier bekanntermaßen nicht nur die „heile Welt" vorzufinden ist.

Freundlicher Beifall belohnte den Autor für einen überaus interessanten Abend, ehe Ralf Strackbein die Gelegenheit nutzte, um seine Bücher - auf vielfachen Wunsch hin - zu signieren.

Tristan Irle ermittelt im Künstlermilieu

sz **Siegen.** Tristan Irle ermittelt wieder: Diesmal schickt Ralf Strackbein seinen Detektiv in dem neuesten Krimi „Gegen den Strich" ins Siegener Künstsmilieu, in dem zwei Morde geschehen (Magolves Verlag, 287 S.). Und das ausgerechnet vor der international bedeutenden Ausstellung einer ehemaligen Pop-Ikone, die ihre Gemälde in Siegen einer Kunstöffentlichkeit erstmals vorstellen will. Bezüge zu tatsächlichen Eregnissen sind natürlich wie immer rein zufällig. Die Typisierung der an der Ausstellung beteiligten Personen sind dem Siegener Schreiber teils recht witzig gelungen, teils werden sie allerdings auch peinlich (beispielsweise wenn geschaffte Herren – deutlich erkennbar als Mitglieder der Siegener Kunstszene – zerknautscht aus dem Bett der neuen Loverin fallen). Überhaupt wirken die wahllos im Buch verstreuten Erregungszustände, durch nichts anderes motiviert als durch die Seiten stolpernde langbeinige Blondinen, recht pubertär. Vielleicht sollte sich der Detektiv mehr auf die für die Leser auch nachvollziehbare Lösung des Falles konzentrieren!   gmz

Das alte Breitenbachgelände ist Schauplatz im Roman. Dort hat Künstler Johannes sein Atelier. Der größte Bereich aus alten Backsteingebäuden ist heute allerdings abgerissen.

Das LŸZ, Sitz des Kultur-Büros des Kreises Si.-Wi.

Der umgebaute Schauplatz LŸZ als Ausstellungsraum für die McCartney-Ausstellung. Die Eingänge rechts wurden so belassen. Foto: Kultur!Büro, Andreas Schmidt.

Nochmals Schauplatz LŸZ als Galerieraum, rechts die Rampe führt in die ebenfalls seinerzeit umgebaute Aula. Foto: Kultur!Büro, Andreas Schmidt.

Plakatwerbung für den Krimi zur Ausstellung.

Marlowe-Zitat:

Und vieler Frösten Opfer, grün von Moosen gehen deine milden Wangen, deine großen.

Hermann Hesse

Fall: 8
Erscheinungsjahr: 1998
Auflagen: 2
Seitenzahl: 335
Absätze: 2704
Wörter: 60925
Personenanzahl: 22

Ralf Strackbein

Tristan Irle

Tödliche Doktorspiele

Ein Siegerländer Kriminalroman

Tristan Irle – Tödliche Doktorspiele

Zum Glück habe ich in meinem Leben bis jetzt nur zwei Mal ein Krankenhaus als Patient besucht. Das erste Mal bei meiner Geburt und das zweite Mal vor einigen Jahren wegen eines Leistenbruchs. Ansonsten war ich stets Besucher in den Gesundheitsfabriken und ehrlich – ich mag keine Krankenhausbesuche. Dennoch fand ich es 1999 an der Zeit, sich mal mit einem Doktor-Thema zu beschäftigen. In meiner Verwandtschaft und unter meinen Freunden gibt es einige, die in der Gesundheitsbranche zu Hause sind. Also war die Recherche, was den fachlichen Teil betraf, nicht weiter schwierig. Zu verstehen, was da im Krankenhaus zwischen Personal und Patienten abgeht, das war schon schwieriger.

Wie immer, bevor ich einen Roman anfange, suchte ich mir ein Motiv. Das Interessante beim Krimischreiben ist, sich mit den Abgründen der Menschen zu beschäftigen. Wenn man dann jedoch genauer hinschaut, bleiben eigentlich nur eine Handvoll Motive übrig: Gier, Eifersucht und Rache. Gier oder Habgier lassen sich schnell darstellen, Eifersucht oder Rache benötigen eine genauere psychologische Beschreibung. Da ich dies immer sozusagen familiengerecht darstelle, bleibe ich zwangsläufig an der Oberfläche. Damit kann ich gut leben, denn die Alternative wären Psychopaten, die lieblichen Kindern die Haut abziehen würden. Nein, danke!

Wenn das Motiv steht, beginnt mein Gehirn nach einer Mordmethode zu suchen, die dem Milieu gerecht wird. Die findet sich aber nur, wenn man sich tief genug in das Thema eingearbeitet hat. In diesem Fall musste ich mich mit allerlei medizinischen Fachbegriffen und Krankheitssymptomen rumschlagen. Danach stieg die Achtung vor dem Studium der Ärzte und dem Examen der Pfleger und Krankenschwestern gehörig an. Zum Glück hatte ich, wie oben erwähnt, genügend Fachpersonal, das ich befragen konnte.

Zum Schluss gönnte ich mir, den bis dahin nur am Rande auftretenden Oberstaatsanwalt Friedrich Büdenbender mehr in den Mittelpunkt zu rücken. Es hat mir große Freude gemacht, den Dandy Büdenbender durch die Geschichte zu scheuchen.

Drei Leichen im Krimi müssen sein

Ralf Strackbein, Autor aus Eisern: Detektiv Tristan Irle ermittelt rund um das Krönchen – Neunter Fall spielt im Krankenhaus

Nein, Ralf Strackbein und sein „anderes Ich" Tristan Irle haben auf den ersten Blick nicht viel gemeinsam. Der Siegener Krimi-Autor ist trotz seiner 37 Jahre jungenhaft, lacht viel und spricht schnell. Detektiv Tristan Irle ist dagegen ein behäbiger Mittvierziger, in dessen Leben der Papagei Marlowe eine größere Rolle spielt als Freundin Helga. „Sex and Crime gehören in meinen Bücher nicht zusammen", lacht Strackbein, auch wenn der Titel seines neusten Krimis anderes vermuten lässt: „Tödliche Doktorspiele"

■ Von Sabine Kneppe

SIEGEN. Als Ralf Strackbein 1991 den ersten Tristan-Irle Krimi schrieb, tat er es zwar mit dem festen Willen, dieses Buch auch zu veröffentlichen, aber das noch weitere acht folgen würden, hätte er damals nicht gedacht. Aber die Detektiv-Geschichten, die in Siegen spielen, kommen beim Publikum an. 35 000 Bücher hat Strackbein mittlerweile verkauft.

Das finanzielle Risiko, das er mit der Veröffentlichung des ersten Krimis einging, hat sich gelohnt. „Wenn es nicht funktioniert hätte, hätte ich mit 10 000 Mark Schulden und einem guten Freund weniger dagestanden", grinst er.

Am Anfang des Buchprojekts stand nicht viel mehr als die Idee, einen klassischen Krimi mit Siegerländer Lokalkolorit zu schreiben. Mit großem Selbstbewusstsein ging Strackbein, damals noch Student der Allgemeinen Literaturwissenschaft an der Universität Siegen, ans Werk. „Bis dahin hatte ich nur Tagebuch, Gedichte, Kurzgeschichten und einige Filmkritiken geschrieben."

Strackbein holte sich Rat von hiesigen Buchhändlern. Die machten ihm Mut. So ein Siegener Krimi käme bestimmt an. Strackbein erfand einen Detektiven. Als großer Miss-Marple-Fan meinte er, dass sein Ermittler etwas Schrulliges haben müsste, gleichzeitig aber auch „liebenswerter Freigeist" sein sollte. Auf jeden Fall ein Siegerländer mit Wiedererkennungswert, darum auch der bodenständige Nachname Irle.

Die erste Geschichte, die vom „Rubensmord", war innerhalb weniger Monate geschrieben. Im Selbstverlag erschienen die ersten 1000 Bücher. Der Autor fuhr sie persönlich in die Buchhandlungen. Und siehe da, sie verkauften sich.

Eine erste Lesung wurde organisiert. „Schrecklich war das damals", erinnert sich Strackbein. Der Raum war proppenvoll, der Autor furchtbar nervös. „Ich habe nur 20 Minuten gelesen und dann gesagt: Das war's."

Tristan Irle war in den vergangenen neun Jahren Strackbeins treuer Wegbegleiter. Auch während des Studienabschlusses und dem Berufsstart in der Presse- und Öffentlichkeitsarbeit kam pünktlich zum Weihnachtsgeschäft einer neuer Siegerländer Krimi heraus. Im nächsten Jahr erscheint das zehnte Buch, eine Jubiläumsausgabe sozusagen. Den Reiz der Krimis, die ganz klassisch aufgebaut sind, macht der Spielort Siegen aus. Da werden Orte, Straßen und Personen beschrieben, die man kennt oder vielmehr zu kennen glaubt. „Alles erfunden", lacht Strackbein, der immer wieder Anrufe, zum Teil auch recht erboste Anrufe, von Leute erhält, die sich in seinen Büchern wiedererkennen zu glauben. Er warte schon darauf, dass sich jetzt nach dem Erscheinen des neuen Buches „Tödliche Doktorspiele" die ersten Mediziner bei ihm melden, die meinten, so ginge es ja nun nicht zu im Krankenhaus.

Im neuen Krimi geht es um zwei Morde, die in einem Siegener „Samariter-Hospital" passieren. Intrigen zwischen Verwaltungsangestellten, Ärzten und Krankenschwestern ohne Ende. „Aber nur zwei Leichen", seufzt Strackbein. Diesmal habe er zeitlich unter Druck gestanden. „Da hat es dann für einen weiteren Mord nicht mehr gereicht. Leider, denn drei Leichen pro Krimi müssen eigentlich sein."

Ralf Strackbein ist in Eisern zu Hause. Seinen Detektiven Tristan Irle wird er auch in Zukunft im Siegerland ermitteln lassen. Strackbeins Ziel: einen historischen Roman schreiben. Das erste Kapitel sei schon fertig, verriet er. ■ Foto: Sabine Kneppe

WÖRTLICH

❞ Das Ganze wirkte wie eine verstümmelte römische Theaterruine, mit dem kleinen Unterschied, dass das Siegener Rathaus nicht unbedingt einem Vergleich mit dem römische Kapitol standhielt, auch wenn die Stadt Siegen wie Rom auf sieben Bergen erbaut war. ❝

Tristan Irle über den neu gestalteten Siegener Marktplatz.

❞ Was soll der Mikado-Brunnen da? (...) Den Architekten sollte man in die Wüste schicken. ❝

Irle und Freund Erich zum neuen Brunnen vorm Rathaus.

„Tödliche Doktorspiele" mit Tristan Irle

sz Siegen. Der Einstieg in die „Doktorspiele" ist klassisch: „Schwester – Tupfer". Unklassisch ist dann schon wieder die vollständige Formulierung: „Schwester, den Tupfer, bitte." So navigiert Ralf Strackbein in seinem neuesten und neunten „Tristan-Irle" zwischen Klischee und Brechung des Klischees. „Tödliche Doktorspiele" heißt der Krimi, der jetzt erschienen ist: Es geht um den völlig unerwarteten Tod einer einflussreichen Patientin nach einer eigentlich harmlosen Operation.

Wie bewusst diese Brechung der Arztklischees allerdings ist, ist fraglich, denn die Ironie bleibt im weiteren Verlauf der Geschichte in einer Siegener Klinik auf der Strecke: „Doktorspiele" gibt es in ihrer abgegriffensten Form, und dann auch noch in der Besenkammer „auf Station" (wie im schlechten Film), und die schöne Oberärztin heißt tatsächlich „Chantal". Sie ist Halbfranzösin (muss sie deshalb Chantal heißen?), „haucht" gelegentlich „Liebling", wenn sie mit ihrem Lover, dem (natürlich) verheirateten Staatsanwalt Büdenbender, spricht, und ist ansonsten von „südländischem Reiz".

Die Figuren in der Geschichte sind insgesamt nur grob gerastert. Aber die Erzählung um Intrigen, Machtkämpfe bis zum Mord, falsche Verdächtigungen und verlorene Lieben funktioniert trotzdem, denn man will wissen, wer nun hinter den Morden steckt: Eine zweite Leiche gibt es nämlich auch – so viel sei verraten. Und ein Wiedersehen mit Marlowe ist auch garantiert – Irles Strickjacke samt Pfeife fehlt natürlich auch nicht. gmz

Die Steingasse führt von der Löhrstraße zum Grünen Pfuhl. Im Hintergrund ist der Durchbruch zur Kohlbettstraße zu sehen. Gleich gegenüber ist das Krankenhaus.

Das Stadtkrankenhaus, das heute zur Kreisklinikum Siegen GmbH gehört, liegt nur wenige Schritte von Tristans Haus entfernt. Nach seinem bedauerlichen Unfall die erste Adresse.

Das Landgericht Siegen. Im Hintergrund die City-Galerie.

Der Eiserfelder Friedhof am Ende der Gilbergstraße, die im Roman eine Rolle spielt.

Das Arzt-Gelöbnis

Bei meiner Aufnahme in den ärztlichen Berufsstand gelobe ich feierlich, mein Leben in den Dienst der Menschlichkeit zu stellen.

Ich werde meinen Beruf mit Gewissenhaftigkeit und Würde ausüben. Die Erhaltung und Wiederherstellung der Gesundheit meiner Patienten soll oberstes Gebot meines Handelns sein.

Ich werde alle mir anvertrauten Geheimnisse auch über den Tod des Patienten hinaus bewahren.

Ich werde mit allen meinen Kräften die Ehre und die edle Überlieferung des ärztlichen Berufes aufrechterhalten und bei der Ausübung meiner ärztlichen Pflichten keinen Unterschied machen weder nach Religion, Nationalität, Rasse noch nach Parteizugehörigkeit oder sozialer Stellung.

Ich werde jedem Menschenleben von der Empfängnis an Ehrfurcht entgegenbringen und selbst unter Bedrohung meine ärztliche Kunst nicht in Widerspruch zu den Geboten der Menschlichkeit anwenden.

Ich werde meinen Lehrern und Kollegen die schuldige Achtung erweisen.

Dies alles verspreche ich feierlich auf meine Ehre.

Fall: 9
Erscheinungsjahr: 1999
Auflagen: 3
Seitenzahl: 288
Absätze: 2531
Wörter: 48311
Personenanzahl: 23

Marlowe-Zitat:

Die Rose sprach zum Mägdlein:
Ich muss dir ewig dankbar sein

Wilhelm Busch

Ralf Strackbein

Tristan Irle

SIEGENER MASKERADE

Ein Siegerländer Kriminalroman

𝔗𝔯𝔦𝔰𝔱𝔞𝔫 𝔍𝔯𝔩𝔢 – Siegener Maskerade

Irles 10. Fall sollte etwas Besonderes werden. Aus diesem Grunde bin ich in die Kunstgeschichte ab- und mit einem Schatz an Bildchiffren wieder aufgetaucht. Die ganze Arbeit diente dem Zweck, ein mysteriöses Bild zu schaffen, das bei richtiger Interpretation ein Verbrechen aus der Vergangenheit offenbare. Das große Hauptthema sollte das damals in der Siegener Kulturlandschaft heiß diskutierte Theater werden. Der Titel wurde daher so gewählt, dass er den Leser vordergründig auf „Theater" lenkte und erst beim Lesen erkennbar wurde, dass es sich um etwas ganz anderes handelte. Damit meine Absicht, den Leser möglichst lange im Ungewissen zu halten, aufging, schuf ich eine geheimnisvolle Geschichte rund um einen reichen Amerikaner. Mehr sei jetzt aber nicht verraten.

Mit dem zehnten Fall stand ein kleines Jubiläum an, und so überlegte ich, wie man das würdig begehen konnte. Der damalige Polizeisprecher Michael Schneider machte mir dann das Angebot, in der neu gebauten Schießanlage der Kreispolizeibehörde die Premierenlesung stattfinden zu lassen. Und weil diese moderne Anlage auch noch eine riesige Videoleinwand besitzt, schlug er vor, die ersten Buchszenen zu verfilmen.

Wer das Buch gelesen hat, der weiß, dass der Held der Geschichte in Schwierigkeiten gerät und mit überhöhter Geschwindigkeit aus der Stadt flieht, während die Polizei hinter ihm her ist. Genau diese Szene hatte es den beteiligten Beamten angetan. Also wurden in einer klaren, aber saukalten Oktobernacht die nötigen Vorbereitungen getroffen, um diese Verfolgungsszene nachzustellen.

Es war gegen zwei Uhr morgens, als sich mehrere Polizeiwagen mit Besatzung und ein verängstigter Autor an Kochs Ecke trafen. Die Videokamera wurde aufgebaut und die Kreuzung gesichert, dann raste ich mit meinem Wagen von der Spandauer Straße kommend in Richtung Siegerlandhalle. Ein Polizeiwagen begann die Verfolgung und ich bog in die Leimbachstraße ab, ein zweiter Wagen kam hinter mir her, und auf der Höhe des heutigen Audizentrums stoppten sie mich dann. Mittlerweile waren vier Polizeiautos um mich herum und ich wurde festgenommen. Ich kann Ihnen sagen – es ist ein unangenehmes Gefühl, wenn die Arme auf den Rücken gedreht werden und die Handschellen klicken.

Die Lesung mit dem Film im Hintergrund war ein riesiger Erfolg. Dem Landrat Paul Breuer und den Beamten der Kreispolizeibehörde gilt noch heute mein herzlichster Dank für dieses besondere Geschenk.

Der Mörder steckt im Gemälde

Tristan Irle ermittelt wieder – Ralf Strackbein stellte zehnten Stadtkrimi bei der Polizei vor

sz Siegen. Mitternacht. Ein dichter Nebel liegt über der Stadt. Über der Stadt Siegen. Gespenstische Stille. Die Suppe wird immer dicker. „London hatte an diesem Abend eine echte Konkurrentin." Edgar Wallace hätte sich die Hände gerieben und in diesem klassischen Ambiente mühelos einen spannenden Straßenfeger hingelegt. Fast leergefegt waren am Donnerstagabend auch die Siegener Straßen, denn: Privatdetektiv Tristan Irle ermittelt wieder.

Viele Fans der Siegener Stadtkrimis aus der Feder von Ralf Strackbein waren der Einladung des Autors gefolgt, der zur Lesung aus seinem neuen Werk in die Schießanlage der Kreispolizeibehörde an der Weidenauer Straße eingeladen hatte. Freundliche Polizeibeamte wiesen den Gästen den Weg in die Katakomben, und los ging es mit Blaulicht und Martinshorn: Klasse Ambiente für die Präsentation des am Donnerstag erschienenen Krimis „Siegener Maskerade".

In besagtem Nebel, rund um Mitternacht, treffen sich der Siegener Krimiautor Raffael Leich und der persönliche Referent des Bürgermeisters, Wolfgang Kimpel, an der Fürstengruft am Unteren Schloss. Kimpel überreicht dem Schriftsteller ein Gemälde. Der hatte eigentlich auf brisante Interna aus dem Rathaus in Sachen City-Galerie für seinen neuen Roman spekuliert. Aber nein – er hält das Gemälde in den Händen. Was hat es damit auf sich? Plötzlich fallen Schüsse. Raffael entkommt mit dem mysteriösen Bild, Kimpel segnet das Zeitliche. Privatdetektiv Tristan Irle und der Diakon der Marienkirche, Erich Roth, sitzen zur selben Zeit in Irles gemütlichem Haus hinter der Kirche. Sie hören die Schüsse. Da hält es keinen mehr auf der Eckbank. Auf geht es zu einem neuen Abenteuer in die neblige Siegener Nacht.

Krimistunde in der Schießanlage: Ralf Strackbein (links) signierte für die Polizisten „Breitenbach" und „Sohlbach", die in seinem neuen Roman vorkommen, ein Exemplar von „Tristan Irle - Siegener Maskerade".

Strackbein las, und sein Alter Ego Raffael Leich wurde von Siegener Polizisten über die Leimbachstraße verfolgt – auf der Leinwand des „Schießkinos" natürlich, mit deren Hilfe die Beamten ihr Schießtraining absolvieren. Eine witzige Idee, Text und Video für die Präsentation des Buches miteinander zu verknüpfen. Ein großes Polizeiaufgebot konnte Strackbein mobilisieren, bei dem nächtlichen Szenario dabei zu sein, und die Beamten hatten sichtlich Spaß daran. Strackbeins Dank galt daher den Polizisten und Pressesprecher Michael Schneider sowie Landrat Elmar Schneider, der die Lesung in der Polizeibehörde ermöglicht hatte.

Gutes bleibt, und so hat Ralf Strackbein auch in seinem zehnten Stadtkrimi wieder jede Menge Lokalkolorit aufgefahren. Wer sich in Siegen nicht so gut auskennt, für den ist im Buch ein Stadtplan abgedruckt. Aber richtig gut ist es einfach, wenn man die Orte kennt und das „Kino im Kopf" angeht. Die Idee, worum es gehen soll, stehe am Anfang, erklärte Strackbein nach der Lesung. Er weiß, wer der Mörder ist und kennt die Verdächtigen und deren Beziehungen untereinander. Dann füllt er den Rahmen mit allerlei lokalen Begebenheiten – in diesem Fall mit der aktuellen Diskussion um das Apollo-Theater. Es tritt nämlich noch ein Deutsch-Amerikaner auf, der mit einer Millionenspende das Entstehen des Theaters finanzieren will. Tja, das könnte den Befürwortern so gefallen. Aber leider: reine Fiktion.

Das erste Mal ist ein „Tristan Irle" als Hardcover erschienen (Druck: Vorländer). Damit hat sich der Literaturwissenschaftler Strackbein einen Wunsch erfüllt: „Das ist endlich ein richtiges Buch." Möglich wurde dadurch auch, dass das geheimnisvolle Bild im Anhang zum Ausklappen mitgeliefert wird. Wer es richtig entschlüsselt, weiß, wer der Mörder ist. Wer nicht so pfiffig ist und sich einen Umweg erlauben will, der liest die „Siegener Maskerade" und macht sich ein paar witzige, spannende Stunden mit Tristan Irle, Dauerfreundin Helga und Kakadu Marlowe. Genau das Richtige für kalte, neblige Herbstabende in Siegen.

zel

„Tristan-Irle"-Autor Strackbein präsentierte neuen Krimi in ausgefallenem Rahmen

Zuhörer wurden „beschossen"

Siegen-Weidenau. (cas) Wer denkt, Siegen sei keine spannende Stadt, der irrt: Wilde Verfolgungsjagden, nächtliche Horrorszenarien, Schüsse und ein Mord überzeugen all jene vom Gegenteil, die „Siegener Maskerade" lesen werden, den neusten Roman von Ralf Strackbein.

Doch nicht nur die lokal bekannten Orte, und denen der Roman spielt, sind es, die die Geschichte so authentisch machen. Bei der Autorenlesung am Donnerstag Abend in der Schießanlage der Polizei an der Weidenauer Straße war es vor allem der selbstgedrehte Film der Polizeibeamten. Mit einem Aufgebot von sechs Dienstwagen verfilmten sie die Fluchtszene der Hauptperson des Buches, die von der Leimbachstraße über Koch's Ecke bis in die Leimbachstraße fährt. Gedreht wurde Ende September. Anfragen der Presse und von Anwohnern nach dem Grund für die Blaulicht-Parade wusste man entgegenzutreten: „Wir haben erzählt, es wäre zu Übungszwecken gewesen", so Strackbein.

Da der Film erst im Nachhinein „auf den Roman" geschnitten wurde, konnte es auch schon mal vorkommen, dass dasselbe Auto innerhalb einer Minute dreimal vorbeifuhr. Trotzdem wurde es noch spannend: Ein Mann tritt aus einer Tür, zieht blitzschnell eine Kanone und schießt – auf die Zuschauer. Erstes Entsetzen weicht der Erkenntnis, dass es „nur ein Film ist". Dann blickt man sich um, sieht überall Einschusslöcher in den Wänden und ist sich nicht mehr so sicher. Aber gerade bei den Romanen von Ralf Strackbein alias Tristan Irle ist eines besonders wichtig: Ähnlichkeiten mit lebenden Personen sind rein zufällig...

Polizeioberkommisar Michael Zell machte Klappe und führte Regie im Film. (WR-Bild: cas)

Die Sitzplätze in der Schießanlage waren bereits eine halbe Stunde vor Lesungsbeginn gut gefüllt. Später hatte Autor Ralf Strackbein genug Zeit, um sein Buch zu signieren. (WR-Bild: RSH)

oben: Das Obere Schloss aus dem Schlosspark fotografiert.

links: Eisern mit der evangelischen Kirche und alten Fachwerkhäusern.

oben: Der Mittelflügel des Unteren Schlosses mit der Fürstengruft und dem Unteren-Schloss-Platz.

rechts: Deutschlands steilste Einkaufsstraße mit dem Dicken Turm im Mittelpunkt.

Beziehungen zwischen den einzelnen Figuren stelle ich gerne vorab in solchen Skizzen dar.

Fall: 10
Erscheinungsjahr: 2000
Auflagen: 3
Seitenzahl: 334
Absätze: 2859
Wörter: 59888
Personenanzahl: 23

Ralf Strackbein

Tristan Irle

Eisenhart

Ein Siegerländer Kriminalroman

𝔗𝔯𝔦𝔰𝔱𝔞𝔫 𝔍𝔯𝔩𝔢 – Eisenhart

Ohne zu übertreiben kann ich behaupten, länger hinter dem Steuer eines Flugzeuges gesessen zu haben als auf einem Fahrradsitz. Bereits mit 14 Jahren flog ich alleine mit einem Segelflugzeug über die Krönchenstadt, da durfte ich noch kein Mofa fahren. Meine international gültige „Private Piloten Lizenz", PPL abgekürzt, besaß ich vor meinem PKW-Führerschein. In den 80ern gehörte ich zu denen, die sich als Erste mit 20 PS starken Motoren und einem aus Aluminium bespannten Flugapparat in die Lüfte wagten. Später folgten die „großen Dinger", mit denen man in knapp einer Stunde aus dem schönen Siegerland den Nordseestrand überfliegen kann. Es war also nur eine Frage der Zeit, wann Tristan Irle mit dem Luftsport in Kontakt kommen würde.

Den richtigen Anlass fand ich mit der Einweihung des Museums für Gegenwartskunst in dem alten Postgebäude neben dem Unteren Schloss. Das Buch beginnt mit der Beschreibung der feierlichen Einweihung des Kunsttempels. Diese Ereignisse liebe ich besonders, da man mit ihnen einen Blick auf die gesellschaftlichen Strukturen unserer Stadt werfen kann. Da diese Strukturen von Menschen gefüllt werden, gibt es immer etwas zu beschreiben. Daraus entsteht dann das in meinen Romanen geliebte Lokalkolorit.

Neben dem gesellschaftlichen Ereignis der Museumseröffnung gab es noch einen weiteren Grund, den ich hier aber verschweigen möchte, um nicht zu viel aus dem Roman zu verraten. Wenn Sie den Roman gelesen haben oder noch lesen wollen, wird er Ihnen zum Schluss offenbart werden.

Was zum ersten Mal keine größeren Schwierigkeiten bereitete, war die Recherche zu dem Krimi. Wenn man mit der Fliegerei aufgewachsen ist, gehen einem Begriffe und Technik ins Blut über. So hatte ich nicht die Arbeit, mir Wissen über ein Thema aneignen zu müssen, sondern mehr die Herausforderung, dieses Wissen verständlich in den Roman zu integrieren. Schließlich sollte der Roman für Eingeweihte genauso spannend sein wie für Laien, die von der Fliegerei nur erwarten, dass man sie sicher an ihren Urlaubsort befördert. Deshalb beschränkte ich mich im Roman auf das fliegerisch Wesentliche. Wie immer stehen die Menschen mit ihren Ambitionen und Emotionen im Mittelpunkt.

Raus mit den Gefühlen!

Ralf Strackbein stellte „Tristan Irle – Eisenhart" vor

sz **Siegen.** Ein Fall für Tristan Irle, und es herrscht kein regnerisches Schmuddelwetter unterm Krönchen. Nein, es ist Sommer. Die Menschen wollen raus mit den Gefühlen und raus aus der Stadt. Der Hauptkommissar ist verliebt, und unterm blauen Himmel treibt es nicht nur den unermüdlich parlierenden Marlowe in luftige Höhen. Beste Bedingungen also für einen Mord im Fliegermilieu, denn hier siedelt der Siegener Autor Ralf Strackbein seinen elften Tristan-Irle-Krimi an. Gestern Abend präsentierte er „Eisenhart" (Satz und Druck: Vorländer) in der Buchhandlung am Kölner Tor. Ab sofort ist sein neuer Roman zu haben.

Zur Geschichte selbst sei nicht allzu viel verraten; ein paar Leseanreize sollen genügen. Den ach so bodenständigen Privatdetektiv Tristan Irle verschlägt es an einem jener heißen Tage auf das Fluggelände am Rande der Stadt. Ein Verwandter von Lebensgefährtin Helga hat ihn zum Mitsegeln geladen, und Tristan wagt den Versuch. Doch der Euphorie ob des grandiosen Erlebnisses folgt rasche Ernüchterung. Glücklich gelandet, wird Irle Zeuge eines Unglücks. Schnell verdichten sich Verdachtsmomente, die Helgas Verwandten belasten. Dass unterdessen die Stadtverwaltung nicht nur in finanziellen Nöten steckt und Tristans Freund Erich in beruflich-privaten Zwängen, trägt mit zu einer recht verwickelten Story bei. Spannend bleibt es bis zum Schluss, zumal Tristan Irle – und nur er! – den Fall zuverlässig wie immer löst.

Richtig interessant ist der Blick hinter die Kulissen der Segelfliegerei. Ralf Strackbein, selbst seit seinem 14. Lebensjahr im Cockpit von (Segel-)Flugzeugen zu Hause, gelingt es, fachchinesische Luftlöcher unterhaltsam zu umkurven und damit die Faszination des Fliegens eindrücklich darzustellen. Und natürlich hält auch der elfte „Tristan Irle" eine Menge Lokalkolorit bereit. Doch gerade so viel, dass auch der *Usswärdije* sein Vergnügen am krimiverrückten Siegerland hat. ciu

Von den Fans der „Tristan-Irle"-Krimis sehnlichst erwartet: Ralf Strackbein lässt seinen sympathischen Detektiv mit „Eisenhart" zum elften Mal ermitteln.

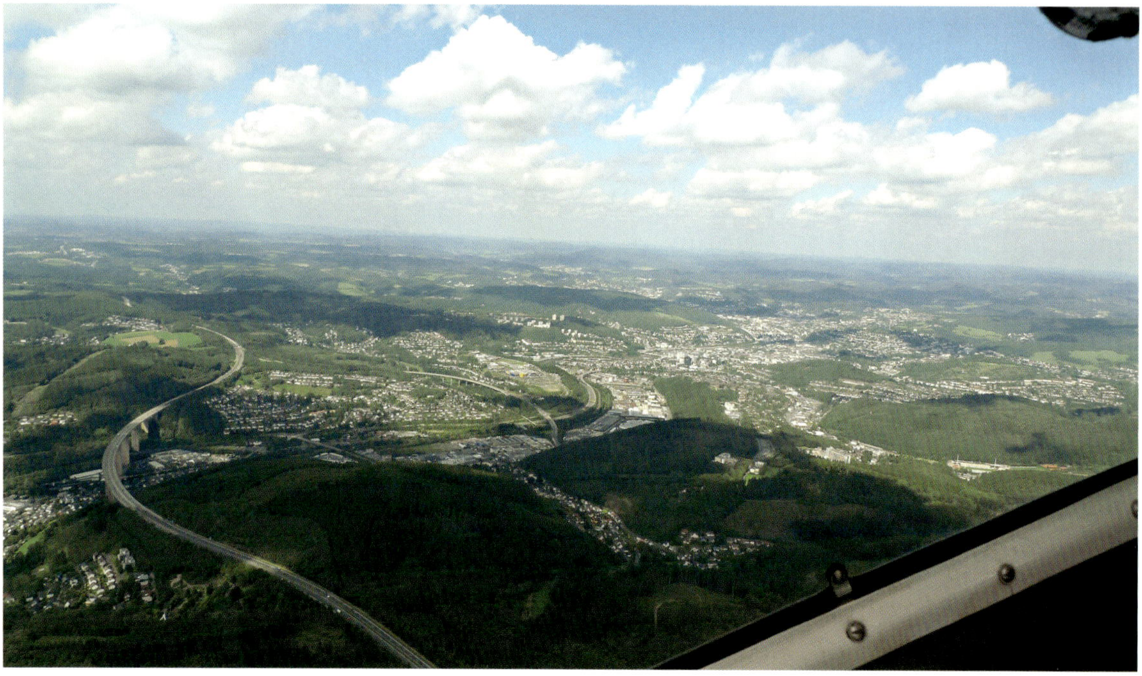

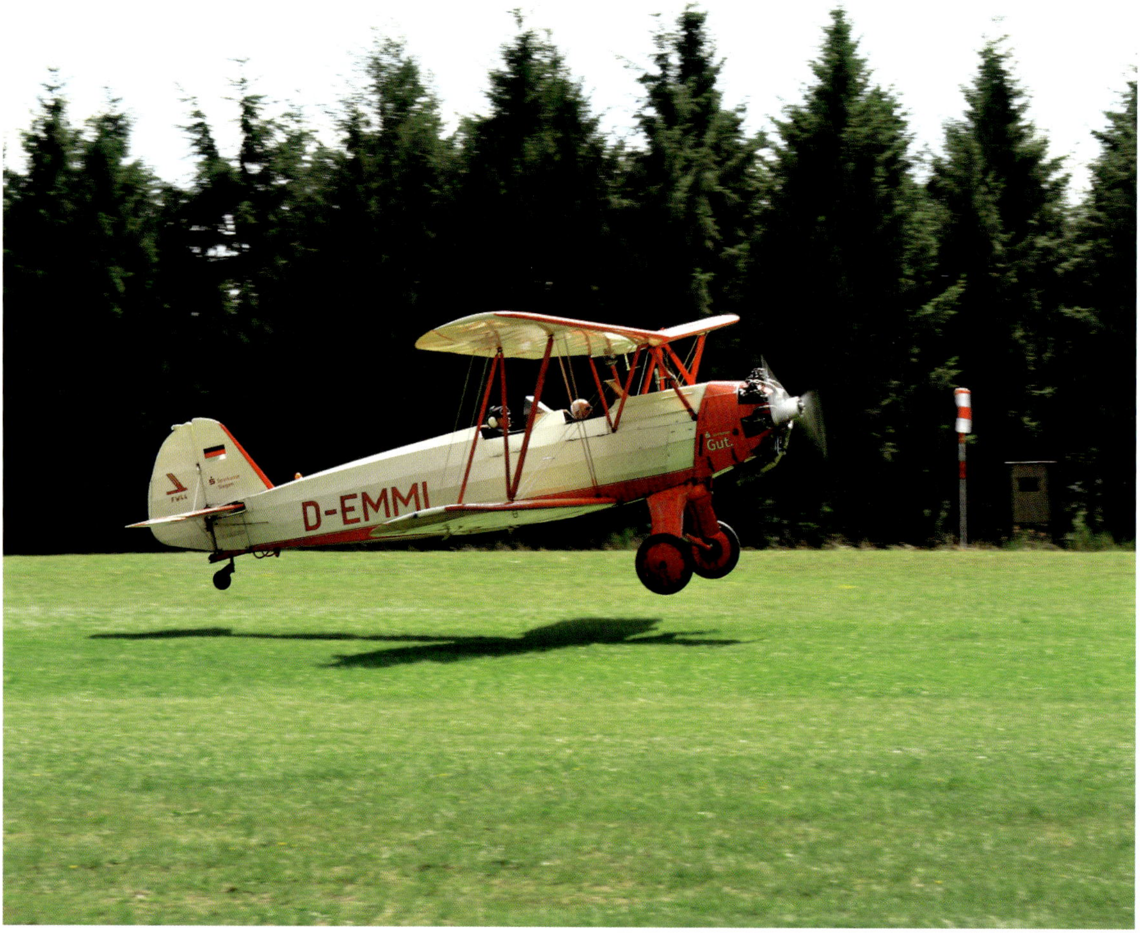
D-EMMI
Gut.

oben links: Siegen aus der Luft mit der A 45. Aufgenommen über dem Ortsteil Eisern mit Blick nach Norden.

oben rechts: Segelflugschlepp mit einem Doppelsitzer vom Typ Ka 7. Im Hintergrund die Siegtalbrücke.

rechts: Das Cockpit eines modernen Segelflugzeuges. Links oben das Variometer, daneben der Fahrtmesser und rechts unten der Höhenmesser.

links: Der Doppeldecker vom Typ Focke-Wulf Fw 44 Stieglitz wurde vom Luftsportverein Siegerland Ende der 70er unter anderem auch mit meiner Hilfe und die meines Vaters restauriert.

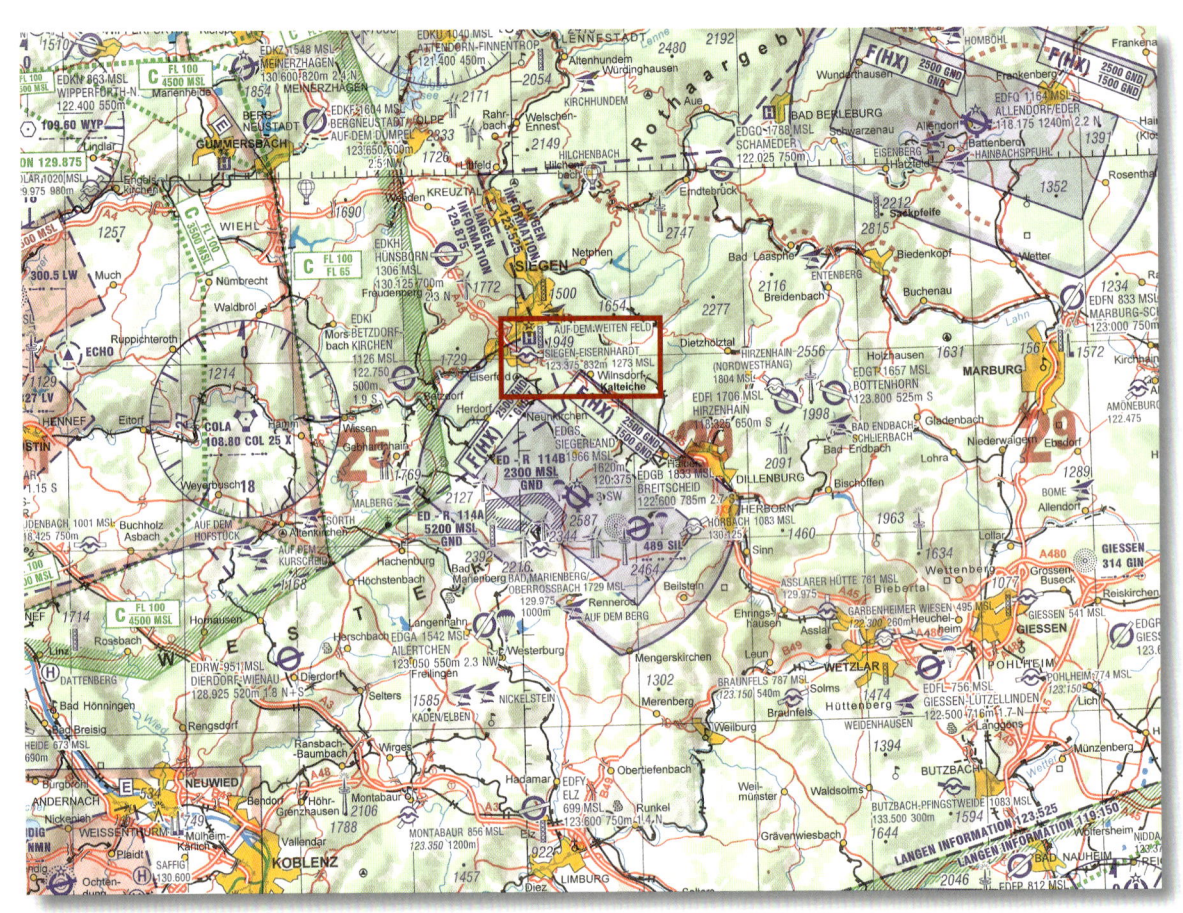

Fliegerkartenausschnitt von 2006. Von mir umrandet ist das Segelfluggelände Eisernhardt. Quelle: DFS Deutsche Flugsicherung, Blatt Frankfurt a. M. 2006.

Fall: 11
Erscheinungsjahr: 2010
Auflagen: 2
Seitenzahl: 309
Absätze: 2630
Wörter: 52998
Personenanzahl: 22

Marlowe-Zitat:

Es sitzt ein Vogel auf dem Leim,
Er flattert sehr und kann nicht heim.

Wilhelm Busch

Ralf Strackbein

Tristan Irle

Die Fürstenjagd

Ein Siegerländer Kriminalroman

Tristan Irle – Die Fürstenjagd

Nach 11 Romanen wurde es Zeit, einmal raus aus Siegen zu gehen und in das schöne Wittgenstein auszuwandern. Die Idee zu dieser Geschichte kam mir nach einem Spaziergang mit meinem langjährigen Freund Harald. Harald war zu dieser Zeit ein passionierter Jäger, und irgendwie sind wir während des Wanderausflugs mehrmals auf das Thema Jagd gekommen. Zu Hause entstand dann der Plot, Tristan Irle in eine Jagdgesellschaft einzuführen. Was lag da näher, als die große traditionelle Treibjagd des Fürstenhauses im Herbst als Umfeld zu nehmen. Wie genau ich auf das Fürstenhaus in Bad Berleburg gestoßen bin, kann ich heute nicht mehr sagen. Es war jedoch ein Glücksfall, dass ich Kontakt zu Eingeweihten herstellen und so eine schöne Milieustudie erstellen konnte.

Aus Zeitungsberichten wusste ich, dass der Hochadel die Einladungen des Fürsten gerne annahm. Der Rest floss dann nur so aus mir heraus, und ehe ich mich versah, stand Tristan Irle als Treiber im Fürstenwald.

Während ein Jahr zuvor die Recherche so gut wie unnötig war, hatte ich mir mit der Jagd ein Thema ausgesucht, von dem ich absolut keine Ahnung hatte. Also besann ich mich meiner während des Studiums erworbenen Fähigkeiten und begann das riesige Themengebiet wie eine Seminararbeit anzugehen. Als Erstes besorgte ich mir Fachliteratur, dann begann ich zu selektieren. Es war unnötig zu wissen, wie man eine Hirschkuh richtig ausweidete, wie die Fachbegriffe für die einzelnen Körperteile eines Hasen genannt wurden und wann welche Schonzeit galt. Dafür mussten die Waffenbezeichnungen stimmen, es sollten die Begrifflichkeiten, die man während einer Treibjagd benutzte, stimmen und die Art, wie man mit einem erlegten Wild umging. Dass ich mich auch noch um Hunderassen und um Protokollfragen kümmern sollte, ergab sich erst beim Schreiben.

Das größte Problem, dem ich mich stellen musste, war die Waffenkunde. Es ist eine Sache, sich anhand von Büchern schlauzumachen, aber eine reale Waffe in der Hand zu halten, vermittelt ganz andere Eindrücke. Zum Glück lebe ich im Siegerland. Wo anders wäre es möglich, einen Jagdpächter gleich nebenan als Nachbarn zu haben? So bekam ich die Gelegenheit, mir Flinten, Büchsen, Hirschfänger und Handfeuerwaffen hautnah anzusehen. Nicht nur das, ich erhielt auch gleich eine Einführung in die Verwendung von Munition und konnte die unterschiedlichen Kaliber auch noch in die Hand nehmen.

Das Buch wurde ein großer Erfolg, na dann, Weidmanns Dank.

Tödlicher Schuss bei der „Fürstenjagd"

Krimiautor Ralf Strackbein las in der Bad Berleburger Polizeiwache

BAD BERLEBURG. (km) Im Forst des Fürsten Siegfried von Schayn zu Widerstein wird zur Rotwildjagd geblasen. Zur illustren Jagdgesellschaft sind auch Mitglieder der Königshäuser Dänemarks und Schwedens angereist - und Tristan Irle, Privatdetektiv aus Siegen und Titelheld in Ralf Strackbeins Kriminalromanen. Um aus seinem neuesten Buch zu lesen, war der Autor am Donnerstagabend in die Bad Berleburger Polizeiwache gekommen.

Schon im letzten Jahr hatten seine Lesetouren Strackbein einige Male nach Wittgenstein geführt und dabei entstand die Idee, seinen nächsten Krimi nicht wie bisher im Siegerland anzusiedeln, sondern den Ort der Handlung ins östliche Kreisgebiet zu verlegen. Für einen Wittgensteiner Krimi das Thema Jagd zu wählen, lag nahe, und dabei die Rollen mit Personen aus dem Hochadel zu besetzen ebenfalls.

Natürlich trifft bei dieser Jagd eine Kugel das falsche Ziel: Ein als Jagdgegner bekannter Bauer bleibt auf der Strecke. Bedauerlicher Unfall oder Verbrechen? Tristan Irle unterstützt im Auftrag des Fürsten die Polizei bei ihren Ermittlungen. Die Nachforschungen erfordern Fingerspitzengefühl, denn ausgerechnet die schwedische Königin soll den tödlichen Schuss abgegeben haben ...

Um der Geschichte Wittgensteiner Lokalkolorit zu verleihen, ist Ralf Strackbein ähnlich vorgegangen wie bei den anderen zwölf Tristan-Irle-Romanen: Er hat die geografischen Gegebenheiten auf Karten studiert, hat sich am Schloss, am Forsthaus Homrighausen und in Bad Berleburg umgeschaut, Fotos als Gedächtnisstütze gemacht. Informationen zum Thema Jagd lieferten dicke Bände der Zeitschrift „Hegen und Pflegen" und die Befragung von Freunden, die sich auf diesem Gebiet auskennen. In die Jägersprache wollte er allerdings nicht verfallen. „Ich beschreibe in dem Buch eine Drückjagd, aber ich nenne es 'Treibjagd', weil sich der normale Leser darunter eher etwas vorstellen kann", erklärte der Autor den Zuhörern auf der Polizeiwache.

Und wie war das mit den Recherchen das Fürstenhaus betreffend? „Das mit dem Fürsten und so habe ich natürlich alles frei erfunden", erklärt der Schriftsteller augenzwinkernd und die Zuhörer lachen, haben sie doch gemeint, rein zufällig die ein oder andere Ähnlichkeit mit tatsächlich exitierenden Personen zu entdecken.

Ralf Strackbein arbeitet übrigens derweil schon an seinem nächsten Roman. „Dabei entwerfe ich immer zuerst auf zwei oder drei Seiten den Kriminalfall", erläutert er seine Vorgehensweise. Nebenhandlungen, Personen- und Ortsbeschreibungen werden dann um diese Kerngeschichte gestrickt. Als nächstes ermittelt Tristan Irle wieder in Siegen, und zwar im Umfeld der Fernsehschaffenden. „Lokalzeit" lautet der Arbeitstitel.

☐ Ralf Strackbein: Tristan Irle - Die Fürstenjagd, Malgolves-Verlag, ISBN 3-935378-05-X, 9,90 €

Im Anschluss an die Lesung signierte Ralf Strackbein seine Bücher für die Zuhörer. WP-Foto: Karin Masannek

oben links: Das Berleburger Schloss.

oben rechts: Pension und Restaurant auf der Ginsberger Heide. Inspirierte mich dazu Tristans Freundin Helga Bottenberg dort anzusiedeln.

links: Ein typisches Rotwild, fotografiert von Klaus-Peter Kappest.

rechts: Homrighausen, Ausgangspunkt einer spektakulären Fürstenjagd.

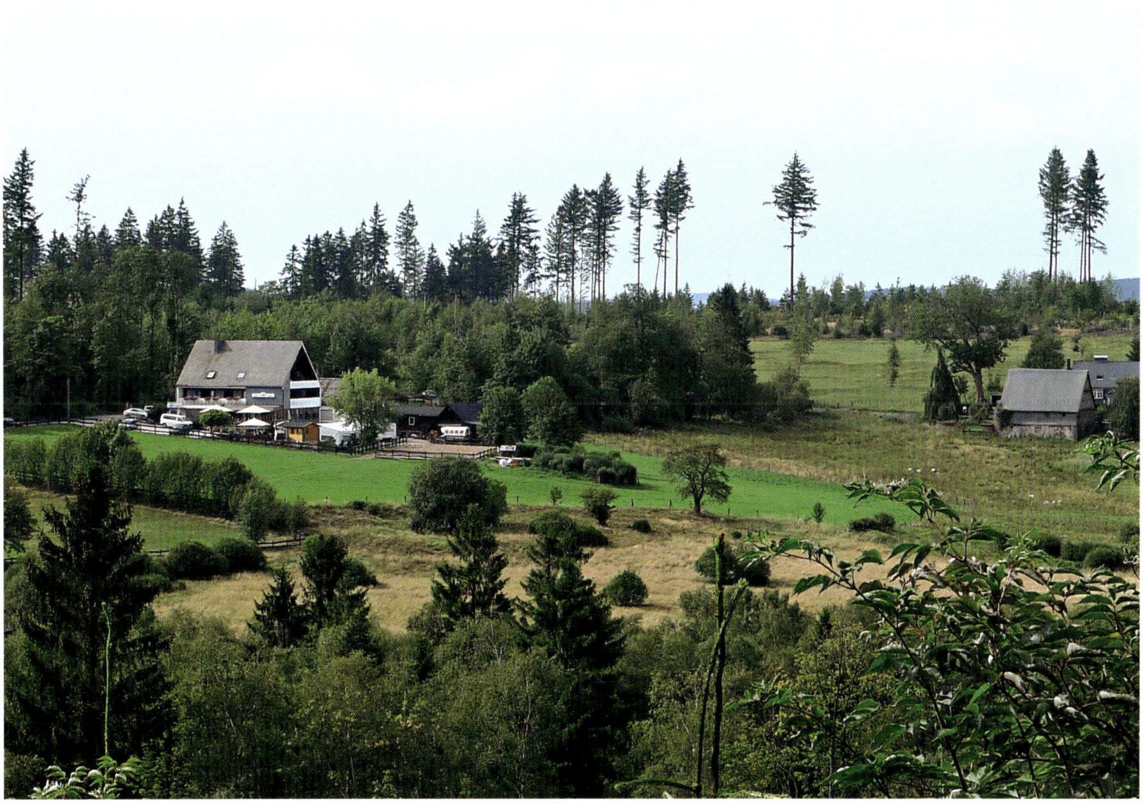

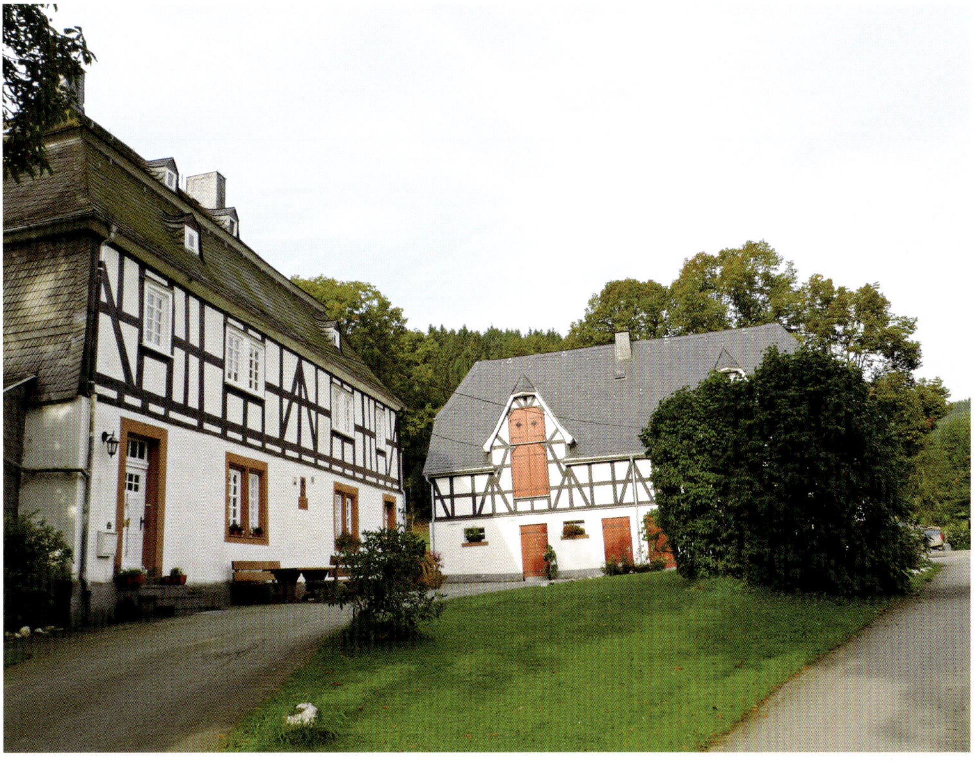

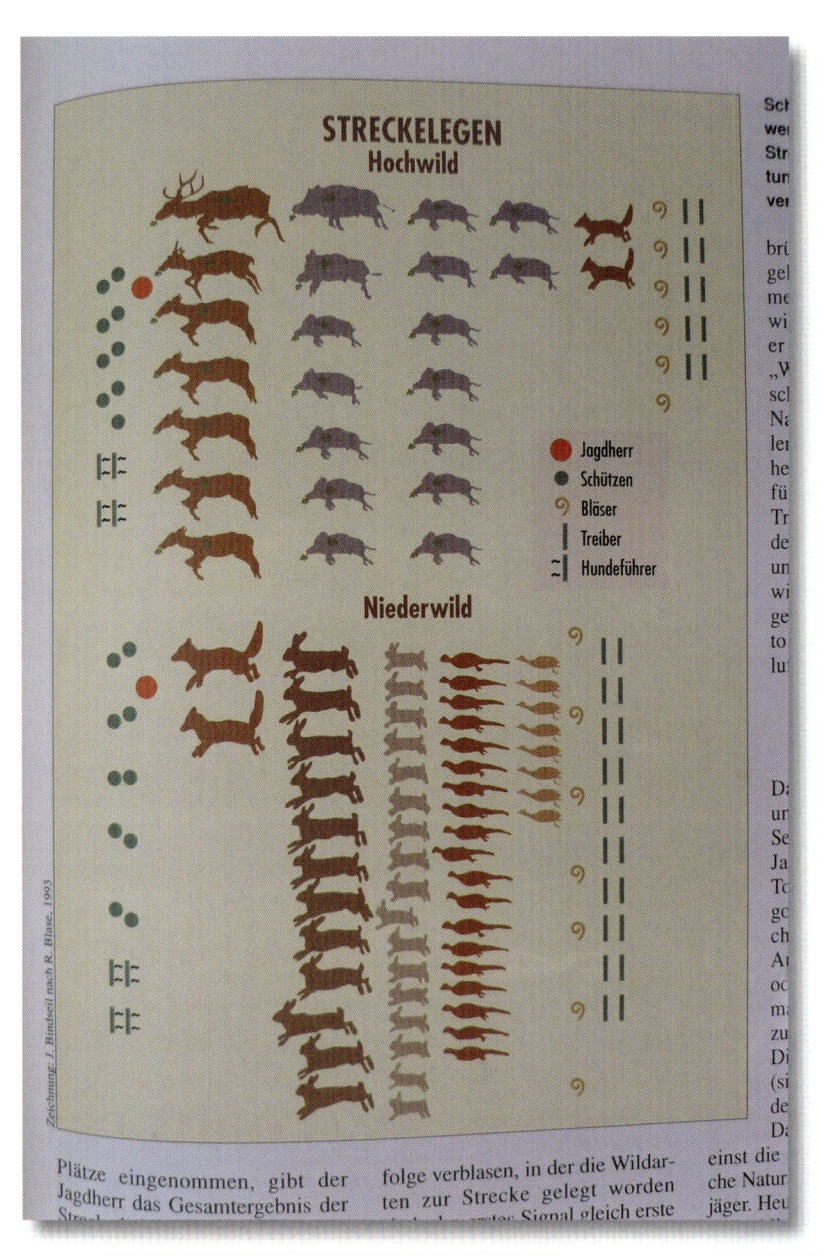

Wie legt man nach der Jagd die Beute aus? Hier eine Anleitung aus:
Erfolgreich jagen und hegen, Bechtermünz, 2004.

Fall: 12
Erscheinungsjahr: 2002
Auflagen: 3
Seitenzahl: 293
Absätze: 2717
Wörter: 52754
Personenanzahl: 20

Marlowe-Zitat:

Gute Tiere, spricht der Weise, Musst du züchten, musst du kaufen; Doch die Ratten und die Mäuse kommen ganz von selbst gelaufen.

Wilhelm Busch

Ralf Strackbein

Tristan Irle

LOKALzeit

Ein Siegerländer Kriminalroman

Tristan Irle – Lokalzeit

Das Fernsehen begleitet uns jeden Tag. Viele bewegte Bilder erreichen uns aus der ganzen Welt in den Wohnstuben. Eine Sendung hat sich in Südwestfalen als ein Dauerbrenner entwickelt, die Lokalzeit des WDR.

Bereits in meinem Studium habe ich mich intensiv mit dem Medium Fernsehen beschäftigt. Der hervorragende wissenschaftliche Ruf der Siegener Universität in der Medienforschung war einer der Gründe. Da es für einen Belletristik-Autor immer von Vorteil ist, wenn er sich emotional mit dem Thema identifizieren kann, stand dem neuen Tristan-Krimi also nichts im Wege. Nach einer offiziellen Anfrage bei der Studioleitung bekam ich grünes Licht und traf mich an einem abgesprochenen Termin im WDR-Studio.

Damals befand sich der Studio-Sitz noch in der Fürst-Johann-Moritz-Straße. Die Büros verteilten sich über mehrere Etagen und das Sendestudio lag im Keller des Gebäudes. Die Räumlichkeiten habe ich im Roman getreu beschrieben. Heute befindet sich das WDR-Studio am Bahnhof und nur noch auf zwei Etagen. Damals waren die Wege zum Sendestudio länger und führten über eine enge Wendeltreppe, die mich an Szenen aus Pearl Harbor erinnerten, wenn sich die Helden auf den Schlachtschiffen zur Brücke bewegen. Nur einzeln hintereinander konnte diese Treppe benutzt werden. Das hatte etwas.

Bei meiner Recherche durfte ich einen ganzen Tag lang die Moderatorin Michaela Padberg begleiten. Ich hängte mich ihr also an den Rockzipfel und versuchte so unauffällig wie möglich zu bleiben. Fragen stellte ich natürlich, und so blieb es wohl mehr bei dem Versuch, unauffällig zu bleiben. An diesem Tag öffnete sich für mich ein Vorhang und es wurde sehr schnell deutlich, dass die halbe Stunde Fernsehen am Abend eine Menge Vorarbeit benötigt. Da waren die Redakteure, die die Themen zusammenstellten und von denen man vor der Kamera nichts sah. Beiträge mussten geschnitten und mit O-Ton versehen werden. Einiges wurde bereits Tage zuvor fertiggestellt, anderes sollte live gesendet werden. Die Aufgabe der Moderation war und ist es, das Ganze zusammenzuhalten. Was vormittags noch locker von der Hand ging, wurde mit jeder Minute, die der Sendetermin näherrückte, hektischer, ohne dabei an Professionalität zu verlieren. Der Höhepunkt war es jedoch, die Sendung aus dem Regieraum live miterleben zu dürfen.

Als wir uns einige Monate später wiedersahen, begrüßte mich Michaela Padberg lächelnd mit: Ha, der Krimiautor. So viel zu dem Versuch, unauffällig zu bleiben.

Mord im Medien-Milieu

Ralf Strackbein legte neuen „Tristan Irle" vor: „Lokalzeit"

Der Siegener Autor Ralf Strackbein las gestern Abend in der Buchhandlung Am Kölner Tor aus seinem neuen Kriminalroman: „Tristan Irle – Lokalzeit". Foto: zel

ciu Siegen/Kreuztal. Der neue „Tristan Irle" ist da! Er erlaubt ein Wiedersehen (oder besser: Wiederlesen) mit altbekannten Figuren: Pfeiffer und Holzbaum, den Profi-Ermittlern, die stets und mindestens einen Schritt hinter dem Privatdetektiv mit Pfeifchen und Strickjacke hinterher schnüffeln, Erich Roth, dem frommen Hünen aus St. Marien, und natürlich Marlowe, Tristans Kakadu, der in diesem Siegerländer Kriminalroman wie immer seine „Rimmcher und Schnürjelcher" an den Mann und die Frau bringt – und durch ein richtiges Fernsehstudio flattert. Denn Ralf Strackbeins neuer „Irle" (im Magolves-Verlag erschienen und bei Vorländer gedruckt) spielt im Medien-Milieu. „Lokalzeit" heißt das Buch – gerade so wie das regionale „Fenster" des Senders RDW.

Tristan Irle ist Studiogast in eben dieser „Lokalzeit". Und während er und Moderatorin Cordelia Jansen auf ihr Live-Interview warten, werden sie Zeugen eines Unfalls mit tödlichen Folgen. Mitten in dem Beitrag über eine neue Kletterwand im Netphener Sportzentrum stürzt der berichtende Redakteur David Daub vom Seil. Tot! Dass das Opfer ausgerechnet Cordelias Freund ist, macht die Sache um so tragischer. Die Moderatorin nutzt die Macht der Routine und „fährt" ihre Sendung zu Ende. Verdächtig ist ihr die Geschichte gleich. Sie glaubt nicht an die Unfalltheorie, wittert Mord und engagiert Tristan Irle.

Interessant und – im Hinblick auf die aktuelle Siegener Diskussion – tatsächlich ein bisschen brisant ist, dass die Ermittlungen zu Davids Recherchen hinsichtlich der Ansiedlung von EIDEA, einem schwedischen Möbelhaus, das der Bürgermeister ins Stadtgebiet holen möchte, führen. Mordmotive stecken in dieser Geschichte genug. Ins Zentrum des Verdachts geraten Möbelhausbesitzer Dachdecker und dessen unehelicher Sohn Frieder. Denn auch der Laden auf der Friedrichshöhe scheint in Sachen Randsortiment nicht ganz korrekt zu arbeiten...

Wie auch immer. Verraten wird an dieser Stelle nichts. Vielleicht so viel: Die Sache spitzt sich irgendwo im Niemandsland zwischen Banfe und Hesselbach zu. Schließlich arbeitet auch „Lokalzeit" mit Lokalkolorit. Und das quer durch Siegerland und Wittgenstein.

Gestern Abend stellte Ralf Strackbein seinen neuen „Tristan Irle" in der Siegener Buchhandlung Am Kölner Tor vor. Am Dienstag, 14. Oktober, 20 Uhr, liest er in der Stadtbibliothek Kreuztal.

Das neue WDR-Studio in Siegen.

Das Regiepult, von dem jeden Abend die „Lokalzeit" in unsere Wohnzimmer gestrahlt wird.

links: Die Dorfmitte Hesselbachs, Wittgenstein. Schauplatz eines grausigen Mordes.

rechts: Der Siegener Markt auf dem alten Marktplatz.

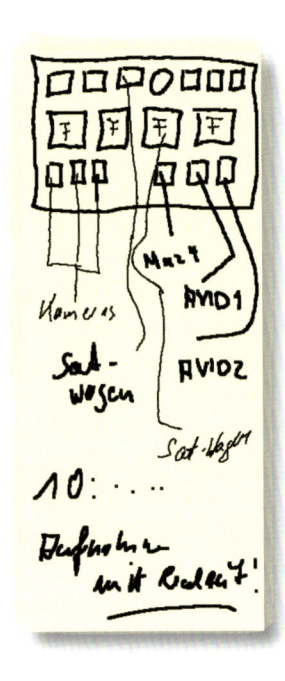

Fall: 13
Erscheinungsjahr: 2003
Auflagen: 2
Seitenzahl: 287
Absätze: 2577
Wörter: 49508
Personenanzahl: 25

Notizen: oben links eine Skizze der Videowand mit Bildschirm-Zuordnung. Daneben Begriffe und unten eine Idee.

Ralf Strackbein

Tristan Irle

Baum fällt!

Ein Siegerländer Kriminalroman

Tristan Irle – Baum fällt!

Im Siegerland und auch in Wittgenstein wird die alte Tradition des Haubergs lebendig gehalten. Allerdings besitzt der Fürst in Bad Berleburg so viel Wald, dass der Hauberg traditionell mehr im Siegerland zu Hause ist. Auch in meinem Familienclan wurde schon im Hauberg geschuftet, als noch Napoleons Schergen an Siegens Stadttoren Wache standen. Mit Inbrunst ziehen heute noch Verwandte in den Wald, schmeißen die Kettensäge an und buckeln das Holz an den Straßenrand. Mir hat diese Arbeit schon als Kind nie gefallen, aber man lernte mit dem Beil umzugehen, was beim Baumfällen, um aus den Stämmen Buden zu bauen, recht hilfreich war. Erwischen lassen durften wir uns als Kinder jedoch nicht, obwohl mir heute klar ist, dass die *Alten* genau wussten, wer da eine Lichtung in den Wald getrieben hatte.

Heute sieht man junge Familienväter mit ihren restaurierten oder auch weniger restaurierten Traktoren aus dem Dorf knattern. Sie scheinen den Hauberg als eine Art körperlichen Ausgleich für ihre Bürotätigkeit zu sehen. Es gibt Heimatvereine, die sich dem traditionellen Bewirtschaften des Haubergs verschrieben haben und ihr wertvolles Wissen weitergeben. Und überall in den Wäldern kreischen in der Saison die Kettensägen. Ich glaube, es gibt kein anderes Thema, das so auf unseren Kreis bezogen passt, als der Hauberg. In „Baum fällt!" wollte ich dieser Tradition gerecht werden, und so durfte Tristans Schwager zu Beginn des Buches Haubergsarbeit für brasilianische Gäste vorführen.

Ein zweites großes Thema in diesem Roman ist eine wunderbare Ausstellung, die seinerzeit im Museum für Gegenwartskunst stattfand. Sie beschäftigte sich mit dem Leben von Fürst Johann Moritz als Gouverneur in Brasilien. Diese Ausstellung wurde die Achse meiner Geschichte, um die sich die Geschehnisse rund um die brasilianischen Gäste und Einheimischen drehte.

Als stille Hauptfigur kann man den Wald nennen. Unseren großartigen Wald, der unserem Kreisgebiet jenen heimeligen Charakter beschert, den ich im Flachland stets vermisse, der mir das Gefühl von Heimat schenkt, wenn er sich im Herbst in ein farbenprächtiges Blätterkleid hüllt.

Irle lässt Haubergseichen fallen

Detektiv-Roman aus Strackbeins Feder aus der Region soll wieder Käufer locken

SIEGEN. (tim) Herbstzeit ist Tristan-Irle-Zeit. Siegens berühmtester Detektiv steht vor seinem 14. Fall, der ihm diesmal einen Blick in den Alltag eines James Bond gewährt, denn nicht nur die Polizei, sondern auch der brasilianische Geheimdienst ist am Tod der hübschen Botschaftsangehörigen Sancha Mouras interessiert.

Ralf Strackbein wirft von seinem neusten Heimatkrimi, „Tristan Irle - Baum fällt!", in einer ersten Auflage 5000 Exemplare auf den maroden Buchmarkt. Die Gefahr, dass sein aktueller Streich ein Ladenhüter wird, dürfte indes nicht bestehen.

Zu viele Fans hat sein Strickjacken liebender Privatschnüffler in den letzten dreizehn Jahren gewonnen, die dessen Fälle gespannt verfolgen und der nächsten Folge jährlich entgegenfiebern. Tristan Irle ist mittlerweile ein Selbstläufer.

Wieder einmal gelingt es Strackbein die örtlichen Eigenheiten liebevoll in seinen Roman zu weben und darum eine amüsante Kriminalgeschichte zu stricken. Diesmal verarbeitet der Autor die brasilianischen Jahre Fürst Johann Moritz' und die traditionelle Siegerländer Forstwirtschaft, den Hauberg. Anlässlich einer Fürst-Johann-Moritz-Ausstellung besucht der brasilianische Botschafter das schöne Siegerland. Während einer Demonstration traditioneller Haubergsarbeiten kommt es zu einem schrecklichen Unfall, bei dem die Assistentin des Botschafters den Tod findet. Doch schnell entpuppt sich der Unfall als raffiniert arrangierter Mord.

Nach der etwas schwächeren „Lokalzeit" im vergangenen Jahr, beglückt uns Strackbein diesen Oktober mit einem gelungenen Auftritt seines Titelhelden, der auch dieses Mal wieder mit der Unterstützung seiner Freunde und den hitzigen Zusammentreffen mit Hauptkommissar Pfeiffer rechnen darf. Und natürlich darf auch Irles Kakadu Marlowe nicht fehlen.

Dass er sich diesmal im Kreise der Geheimdienste bewegt, ist allerdings eher untypisch. Da gibt es den gutaussehenden Agenten José Henrigues vom Zuckerhut und auf der anderen Seite den Wissen Ohm, der alles andere als ein stinknormaler Siegerländer Rentner ist.

Mangelte es dem letzten Band an einem überzeugenden Motiv, wartet Strackbein in „Baum fällt!" mit einer überzeugenden Story auf, der man selbst die Geheimbündelei im Siegerland nachsehen kann. Einmal mehr beweist er ein feines Gespür für die aktuellen Stimmungen und Reizthemen der südwestfälischen „Metropole" und lässt sie gekonnt nebenbei einfließen.

Die sprachliche Leichtigkeit und der offensichtliche Witz machen die Lektüre zu einem Vergnügen, auch wenn einige Formulierungen zu konstruiert wirken und eine metaphorische Passage weniger manchmal mehr gewesen wäre.

Echte Gänsehaut-Spannung kommt indes nicht auf, dafür folgen alle Irle-Fälle einem immer wieder auftauchenden Schema, das wenig Überraschungen bietet. Hauptverdächtige gibt es viele, doch der Täter gehört meistens nicht dazu. Gelingt es Strackbein seinen Geschichten ein wenig mehr Komplexität und Esprit zu verleihen, dürfte sich Siegen eines Detektivs (und Krimiautors) von überregionaler Bedeutung rühmen.

So liegt der Reiz der Romane im Wiedererkennungswert, den (bis jetzt) nur Siegerländer zu schätzen wissen.

Tristan Irle lässt diesmal das Haubergsholz krachen: Rald Strackbein stellt einen 13. Roman mit Lokalkolorit vor.
WP-Foto: Friedrich Lück

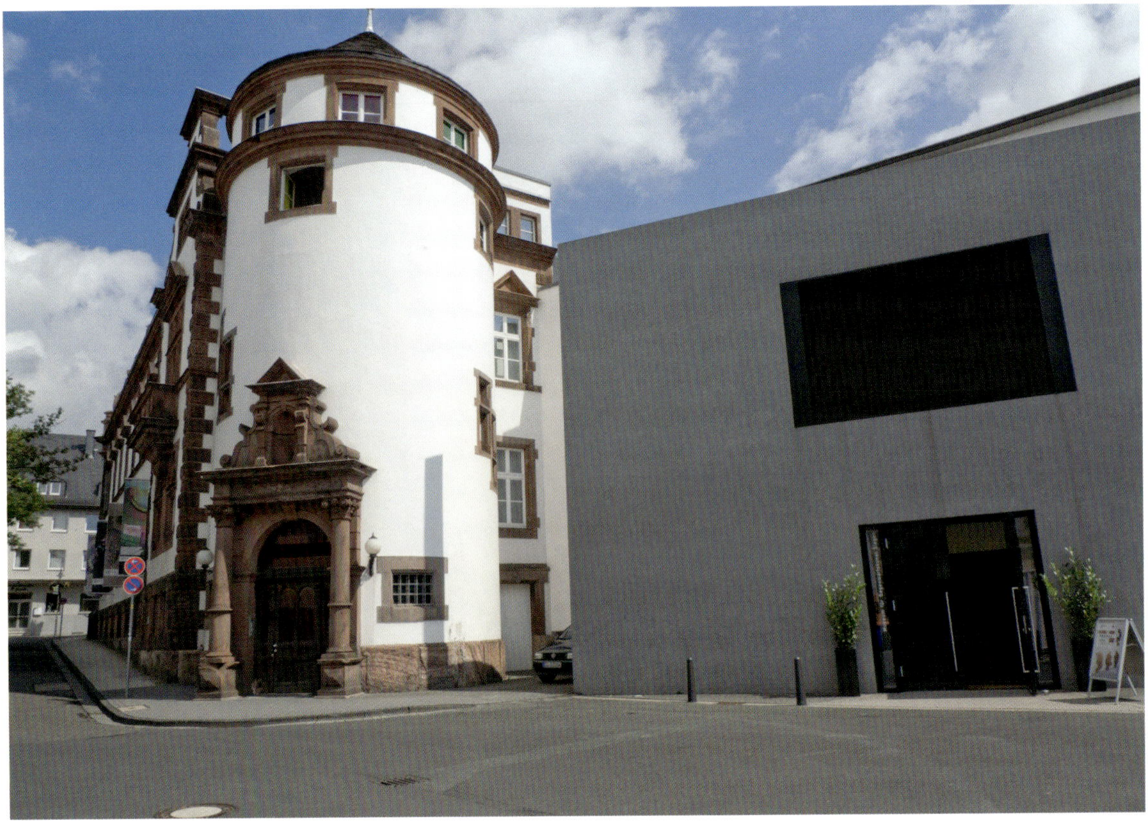

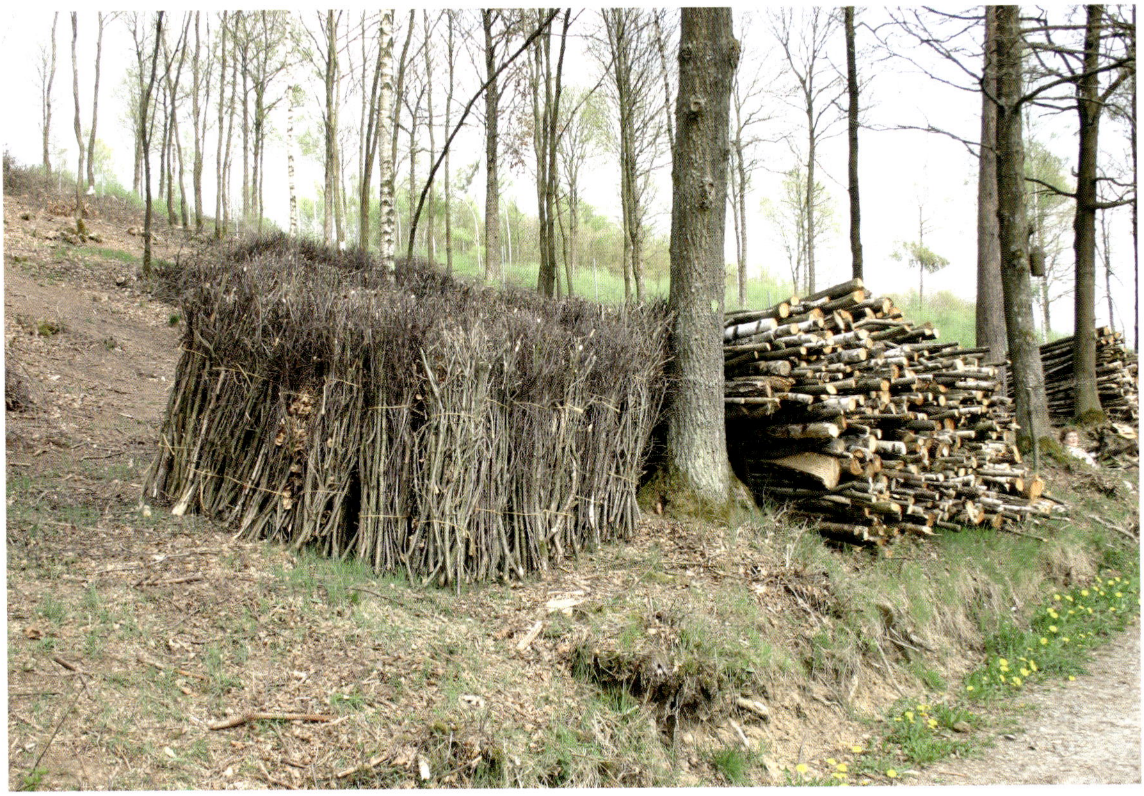

oben links: Die Alte Post mit Anbau in dem sich das Museum für Gegenwartskunst befindet.

oben rechts: Das Ortsschild „Walpersdorf". Der Heimatort von Tristans Schwester mit ihrer Familie.

links: Haubergs-Stangenholz fotografiert von Alfred Becker.

rechts: Die beiden Jungen Maxime und Luca beim Lohschälen,
fotografiert von Alfred Becker.

Der Besenginster

Hier ein Beispiel, das nicht im Buch verwendet wurde. Planzen sind für einen Giftmord immer gut.

Arznei- und Giftpflanze, Plantagenet und Teufelsbesen

Von Gabriele Gresser, Würzburg

Wer kennt ihn nicht, den Besenginster, der mit seinen leuchtend gelben Blüten viele Gärten ziert und häufig an Waldrändern und auf Böschungen anzutreffen ist. Die Pflanze enthält verschiedene Sekundärstoffe wie Chinolizidinalkaloide, biogene Amine und Flavonoide. Früher wurden nahe-

Deutsche Apotheker Zeitung · 138. Jahrgang · Nr. 10 · 5. 3. 1998

Fall: 14
Erscheinungsjahr: 2004
Auflagen: 2
Seitenzahl: 300
Absätze: 2607
Wörter: 51230
Personenanzahl: 24

Marlowe-Zitat:

Ein Freund von mir, der dieses sah,
Der seufzte tief und rief: Ja, ja!

Wilhelm Busch

Ralf Strackbein

Tristan Irle

Die zitternden Tenöre

Ein Siegerländer Kriminalroman

Tristan Irle – Die zitternden Tenöre

Meine musikalischen Fähigkeiten beschränken sich darauf, die PLAY-Taste bei meinem iPod zu drücken. Zwar beherrsche ich die einfache Notensprache, aber wehe, die Notenzeichen verwandeln sich mithilfe von Häkchen und Bögen zu wahren Ungeheuern, dann verstehe ich leider nichts mehr. Deshalb war es klar, dass bei dem Thema „Männerchor" das Musikalische nicht nennenswert vorkommen würde.

Mir ging es bei diesem Thema eher darum, eine Tradition zu beschreiben, die ihren Ursprung vor mehr als 100 Jahren hatte. Als 1871 das Deutsche Reich entstand, gründeten sich im Hochgefühl der nationalen Einheit überall im Land Sängergruppen. Die meisten dieser Chorgemeinschaften sind bis heute aktiv geblieben. Die Frage, die sich mir also stellte: Was hält einen Männerchor im 21. Jahrhundert noch am Leben?

Schließlich konnte ich bei meiner Recherche feststellen, dass ein Naserümpfen beim Thema „Männerchor" des Öfteren zu finden war. Irgendwie gelten Männerchöre heute als verstaubt. So einen verstaubten Chor wollte ich aber nicht beschreiben. Im Buch sollte eine Truppe engagierter Männer das Ziel des Meisterchors anstreben.

Will man irgendeine Situation beschreiben, zum Beispiel, wie der Männerchor an einem schwülheißen Abend zum Proben zusammenkommt, dann sollte man wissen, wie so eine Probe abläuft. Deshalb habe ich recherchiert, mit namhaften Chorleitern aus der Region gesprochen und mir so das nötige Wissen angeeignet, die Stimmen, 1. Tenor, 2. Tenor, 1. Bass usw. an die richtige Stelle zu placieren. Wenn das Fachliche stimmt, kann man sich auf das Wesentliche, den Menschen und seine Leidenschaften, konzentrieren.

Diese Leidenschaften führen in einem Krimi früher oder später zu einem Mord. In Tristan-Irle-Romanen eher etwas früher. Je nach Aufbau des Romaninhaltes stelle ich mal die Aufklärung des Tathergangs als Rätsel in den Mittelpunkt, oder ich lasse den Detektiv durch Ermittlungen im Umfeld des Opfers die Lösung finden.

In diesem Buch steht die Aufklärung des Tathergangs im Mittelpunkt. Tristan muss die Art und Weise, wie das erste Opfer umgebracht wird, entschlüsseln. Lange habe ich darüber gegrübelt, wie es funktionieren könnte. Die Lösung war dann recht einfach, wie es bei genialen Einfällen oft der Fall ist. Das Buch-Cover verrät ein wenig darüber, und eine Raumskizze hilft dem ambitionierten Ermittler ebenfalls, den richtigen Täter zu identifizieren.

Das Warten hat ein Ende: Der neue Tristan Irle-Kriminalroman „Die zitternden Tenöre" ist auf dem Markt erhältlich. Und auch dieses Mal ist Spannung garantiert. Zum Inhalt: Der Männergesangverein „Pro Patria" steht vor einer großen Herausforderung. Zusammen mit dem engagierten Chorleiter Gottfried Kunze möchten die Mitglieder nach 100-jährigem Bestehen endlich den Status „Meisterchor" erlangen. Sie proben bis ihre Stimmbänder zittern, doch dann geschieht während der Probenpause ein Mord. Autor Ralf Strackbein (Foto) lädt in den nächsten Wochen zu drei Lesungen ein: 27. Oktober, 19.30 Uhr, Bücherstube Geisweid; 6. November, 14 Uhr, katholische Bücherei Netphen und am 10. November, 19.30 Uhr in der Bücherei Neunkirchen. Foto: Anke Bruch

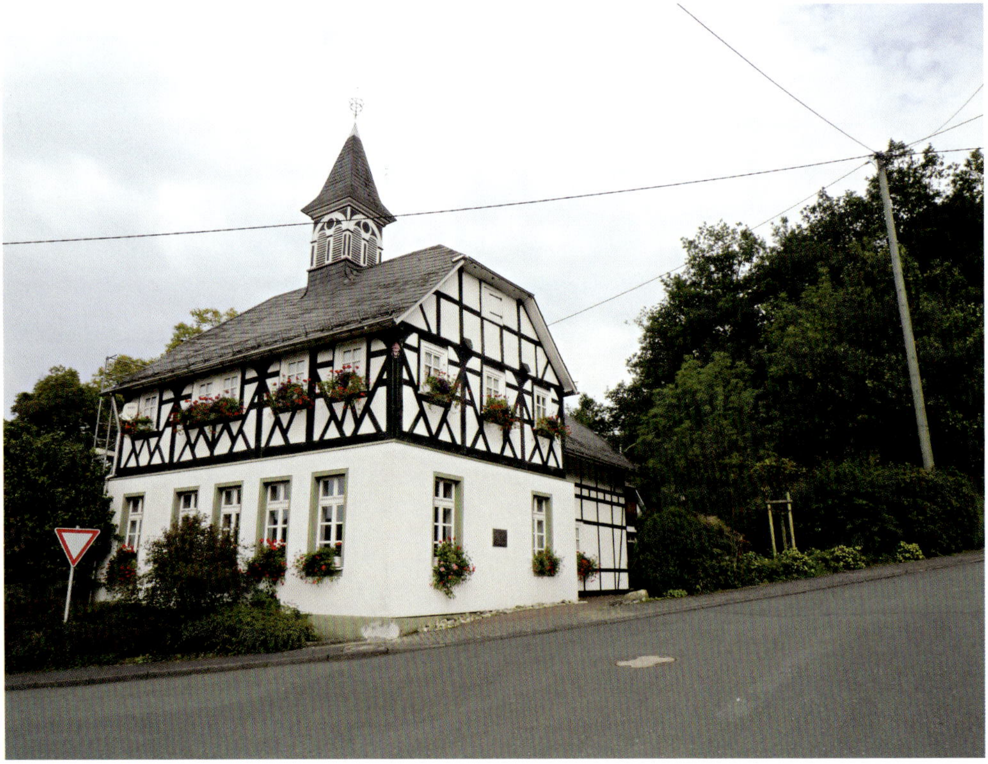

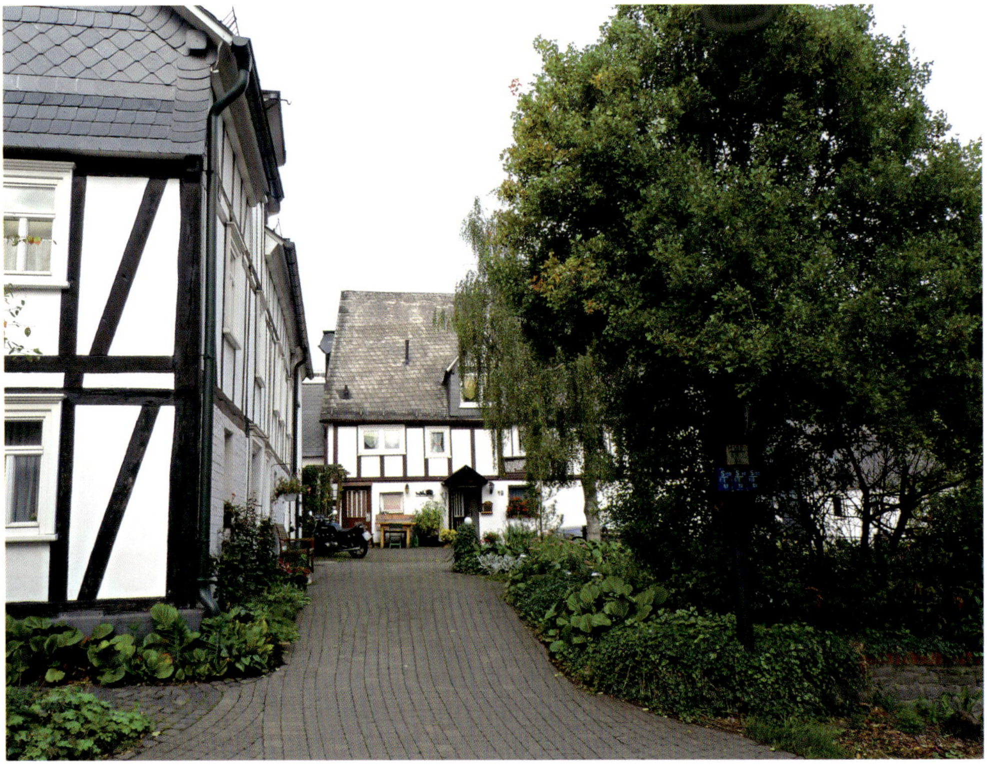

oben links: Die Kapellenschule in Niedersetzen.

oben rechts: Der Chor meines Schwagers bei einer Aufführung.

links: Ein typisches Fachwerkhaus in Unglinghausen.

rechts: Die Siegbergstraße in Siegen, dort, wo Tristan seinen Borgward in die Garage fährt.

Grundriss Bürgerhaus Buschhütten

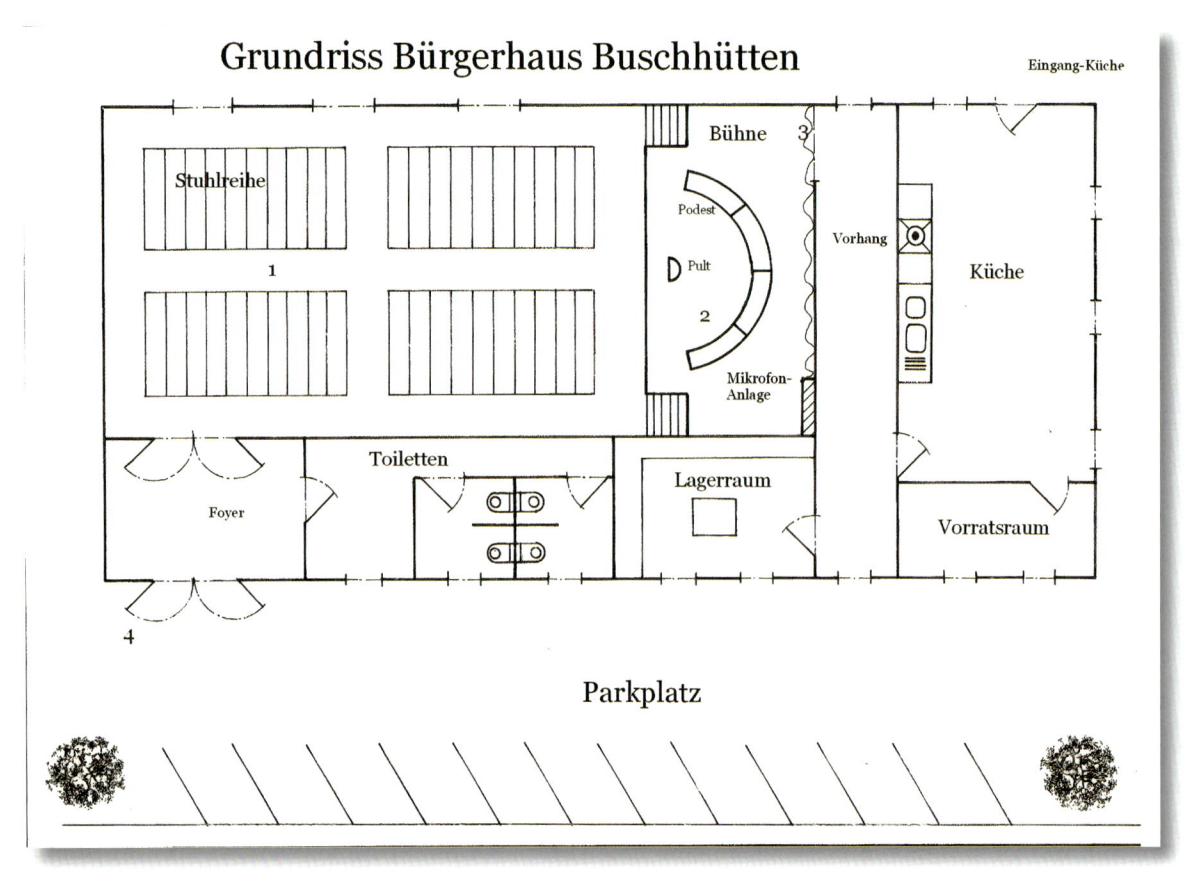

Skizze aus dem Buch und Gedankenstütze fürs Schreiben.

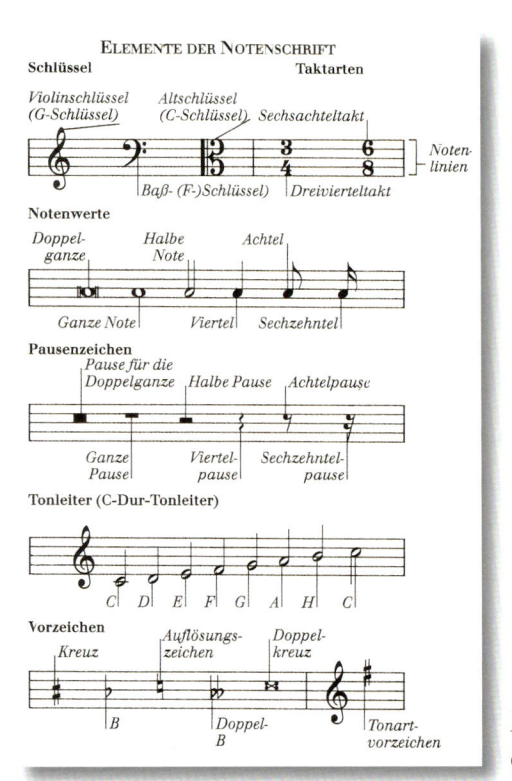

Kleine Notenlehre,
Quelle: Das visuelle Lexikon, Gerstenberg Verlag, 1997.

Fall: 15
Erscheinungsjahr: 2005
Auflagen: 1
Seitenzahl: 287
Absätze: 2410
Wörter: 48736
Personenanzahl: 15

Ralf Strackbein

Tristan Irle

Der
Killersteig

Ein Siegerländer Kriminalroman

Tristan Irle – Der Killersteig

Dieses Buch wurde für mich zu einem Überraschungserfolg. Es erschien im Jahr 2006 und zwar in einer viel zu kleinen Auflage. Nach den Verkaufszahlen zu urteilen, schienen damals alle über den Rothaarsteig wandern zu wollen und vorher lasen sie den Irle-Krimi. Dabei war ich mir am Anfang gar nicht sicher, ob das Thema überhaupt Leser interessieren könnte. Mir ging es eigentlich um eine neue Art des Erzählens.

So wie bei einem sogenannten „Roadmovie", ein Kinofilm, in dem die Helden von einem Ort zum nächsten durch die Handlung getrieben werden, sollte die Handlung meine Helden von einer Wanderstation zur nächsten über den Rothaarsteig führen. Ich suchte mir einen Startpunkt im südlichen Siegerland aus, und das Ziel sollte der Rhein-Weser-Turm werden. Als Wandergruppe entschied ich mich für die Polizei, und damit hatte ich genügend interessante Charaktere, um eine spannende Geschichte zu erzählen. Die ausgewählte Strecke hatte ich über die Jahre mit meinem Freund Harald bei zahlreichen Wanderungen kennengelernt. Damals nannte man sie noch nicht Rothaarsteig, aber die Bäume standen schon dort. Was ich mir jedoch wieder vor Ort ansehen musste, waren die Stellen, an denen ich etwas Mörderisches passieren lassen wollte.

Nun kann man nicht einfach sagen, okay, in Wilnsdorf kommt Figur „Müllerchen" um. Es gibt so etwas wie einen Schreibrhythmus, der das richtige Tempo in die Geschichte bringt. Mit ihm baue ich Spannungskurven auf und löse sie mit neuen Informationen. Auch wenn es erfundene Geschichten sind, sie müssen in sich doch stimmig bleiben. Die Wanderstrecke bestimmte deshalb die Struktur des Krimis. Weiter hinten sehen Sie, wie ich das gemacht habe. Die einzelnen Teilstücke mussten so gewählt werden, dass es etwas Interessantes zu erzählen gab und gleichzeitig von meinen Helden zu Fuß zu bewältigen waren.

Diese Struktur erlaubte es mir dann, richtig schöne Werbung für den Rothaarsteig zu machen, da ich in jedem Kapitel eine tolle Geschichte aus der Umgebung meiner Wanderhelden wiedergeben konnte. Einiges hatte ich bis dato selbst nicht gewusst.

Mit dem Ziel „Rhein-Weser-Turm" befand sich die Geschichte auch zum ersten Mal im Sauerland, was mir die Leser aus dieser Region dankten, indem sie zahlreich bei einem Krimi-Dinner im Rhein-Weser-Turm erschienen.

Das Wandern ist des Mörders Lust
Ralf Strackbein legt mit „Tristan Irle – Der Killersteig" seinen 16. Lokalkrimi vor

zel **Siegen.** Im Nebel zu wandern, ist ja schon seltsam. Seltsamer noch, wenn eine ganze Gruppe von Polizeibeamten wandern geht und einer nach dem anderen das Zeitliche segnet. Alle können Täter sein oder das nächste Opfer... Ausgerechnet Polizisten! Doch, das gibt es, und zwar in dem neuen Lokalkrimi „Tristan Irle – Der Killersteig", den der Siegener Autor Ralf Strackbein gestern Abend in der Buchhandlung Am Kölner Tor erstmals vorstellte. Eine treue Fangemeinde hat sicher schon lange auf den neuen Fall für den gemütlichen Privatdetektiv gewartet, jetzt ist es so weit: Der 16. Band ist im Magolves-Verlag erschienen und wurde bei Vorländer gedruckt. Die knallgelben Bücher sind ab sofort erhältlich.

„Das Thema Rothaarsteig lag absolut an", sagt Ralf Strackbein, der für sein neuestes Werk selbst die Wanderstiefel geschnürt hat. In seiner Story lässt er Landrat Otterbach, Staatsanwalt Büdenbender, Hauptkommissar Pfeiffer, Kommissar Holzbaum und sieben Polizisten der Kreispolizeibehörde PR-wirksam von Holzhausen in Richtung Giller wandern. Haben die Presse-Fotografen auch alles schön im Bild? Was als tolle, öffentlichkeitswirksame Aktion gedacht war, gerät schon in der ersten Nacht gehörig aus den Fugen: Polizeihauptmeister Martin Mockenhaupt stirbt im Hotel „Hannes" nach einem Sturz von der Treppe – oder war er schon vorher tot? Na toll, hat sich was mit PR. Von nun an soll die Presse besser nicht mehr über die Aktion berichten – aber weitergewandert wird trotzdem. Ein anonymer Anrufer informiert Tristan Irle zu nachtschlafender Zeit. Und am nächsten Tag schnürt auch der Privatdetektiv in seinem Häuschen an der Marienkirche seine Wanderschuhe. Er stößt zu der dezimierten Truppe und macht sich so seine Gedanken. Dann geschehen ein Mordversuch und noch ein Unfall. Oder war es Mord? Tristan Irle und sein alter Widersacher Hauptkommissar Pfeiffer ermitteln diesmal gemeinsam.

Ralf Strackbein hat zahlreiche Sagen, die sich um Orte auf dem Rothaarsteig ranken, recherchiert und baut sie sinnvoll

Knallgelb kommt der 16. Band der Tristan-Irle-Reihe daher. Autor Ralf Strackbein nahm gestern Abend seine Leser in der Buchhandlung Am Kölner Tor mit auf den „Killersteig".

in die Geschichte ein: Der Riese Wackebold und sein Bezwinger Hans Hick (daher der Name „Hickengrund") tauchen zum Beispiel in Holzhausen auf, Wieland der Schmied in Wilnsdorf. Die Anekdoten, die Rothaarsteig-Ranger Mike zum Besten gibt, interessieren die lebenslustigen und feierfreudigen Polizistinnen Waltraud Müller und Nadine Fischbach jedoch weniger als der Ranger (mit dem süßen Po) selbst.

Der aus dem Wittgenstein'schen stammende Landrat Otterbach (Ähnlichkeiten mit lebenden Personen sind natürlich rein zufällig) darf mit honigsüßem Lächeln sein Wissen um die Herkunft des Wortes „Magolves" als Siegerländer Name für den Eichelhäher zum Besten geben, und wer es noch nicht weiß, bekommt auch erklärt, wie sich ein „Krüstchen" zusammensetzt. Die bekannten Figuren,

Irles Freundin Helga und sein Nachbar, Diakon Erich, spielen im 16. Fall keine große Rolle, aber Kakadu Marlowe darf die ganze Wanderung mitmachen und wird sogar zum Bodyguard einer Polizistin. Seinen Schnabel halten kann der Vogel wie immer nicht und krächzt seine berühmten Vierzeiler – ob sie passen oder nicht. Strackbein legt einen schönen Humor an den Tag („Usswärdije" meinen, seit dem Unteren Devon hätte sich bei den Siegerländern und Wittgensteinern nicht viel getan – doch die heimische Bevölkerung nimmt den Vergleich mit den Brachiopoden, den Armfüßlern, gelassen auf).

Spannend ist „Der Killersteig" auch, und er ist verblüffend aktuell... Wandern Sie also in die nächste Buchhandlung! Die Nordic-Walking-Stöcke dürfen Sie zu Hause lassen.

Das Hotel und Restaurant Fiester Hannes in Holzhausen. Ausgangspunkt einer aufregenden Wanderung.

Großer Stein im Hickengrund, sagenumwobener Wald auf dem Rothaarsteig. Mehr solcher tollen Aufnahmen findet man in Klaus-Peter Kappest Buch „Rothaarsteig – Der Weg der Sinne".

oben: Die Ilsequelle im Rothaargebirge. Fotografiert von Klaus-Peter Kappest.

rechts: Die Lahnquelle neben dem Forsthaus Lahnquelle. Im Buch der Ort der Entscheidung.

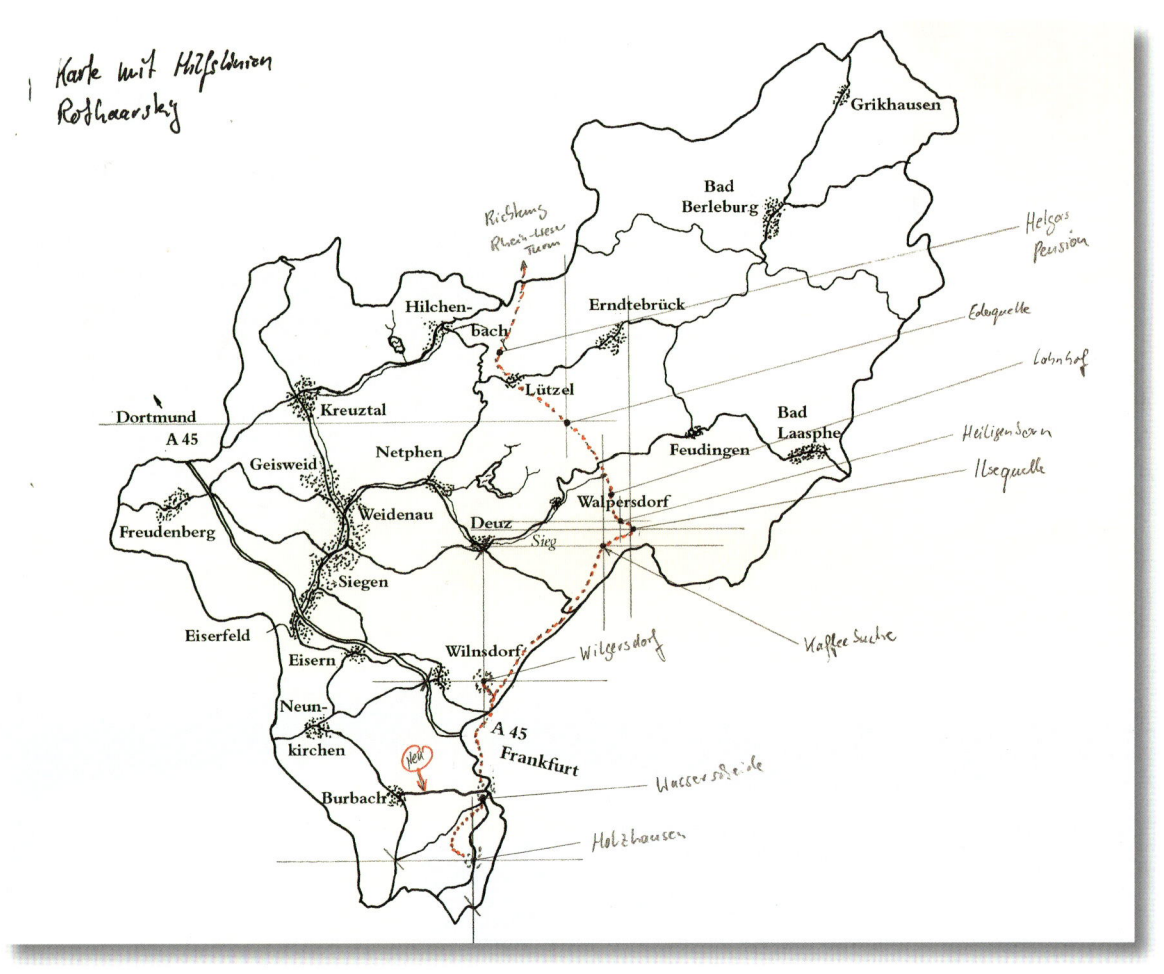

Der Wanderweg vorab festgelegt.

Fall: 16
Erscheinungsjahr: 2006
Auflagen: 3
Seitenzahl: 259
Absätze: 3994
Wörter: 41288
Personenanzahl: 17

Ralf Strackbein

Tristan Irle

Locht ein!

Ein Siegerländer Kriminalroman

𝔗𝔯𝔦𝔰𝔱𝔞𝔫 𝔍𝔯𝔩𝔢 – Locht ein!

Im Jahr 2007 erschien dieser Golfkrimi. Der Zeitpunkt, um sich dieses Themas anzunehmen, war bewusst gewählt. Mit dem Golfspiel habe ich 2004 begonnen. Im Sommer 2006 spielte ich mich endlich so weit herunter, dass ich ein erstes akzeptables Handicap erhielt. In der Clubstatistik findet man mich immer noch weit unten, zum Sportler tauge ich nur bedingt – aber wie ich immer sage: Ich spiele leidenschaftlich, nur scoren (punkten) tue ich schlecht. Jedenfalls endete die sportliche Saison 2006 positiv und ich entschied, diesen wunderbaren Sport im nächsten Irle-Krimi in den Mittelpunkt zu stellen.

Mir war natürlich klar, dass Golfspielen in Deutschland immer noch als elitärer Reichensport betrachtet wird. Dass dies schon gut zehn Jahre nicht mehr der Fall ist, sich aber dieses Vorurteil hartnäckig hält, war ein weiterer Grund, dieses Thema zu behandeln. In der Vorbereitung habe ich mich ausgiebig mit Nicht-Golfern über das Golfspielen unterhalten. Mir war es wichtig herauszubekommen, was der normale Leser denkt, wenn er uns Golfer auf der Wiese stehen sieht. Zwei Dinge kamen dabei heraus: Zum einen hätten die Befragten gerne mal den Golfschläger geschwungen, zum anderen schreckten sie jedoch vor den Clubmitgliedern zurück. Sie glaubten sich dort fehl am Platz, was gerne mit den Nobelkarren auf dem Parkplatz begründet wurde. Mein Hinweis, dass diese Automobile größtenteils den Fahrern gar nicht gehörten – die Dinger sind nämlich geleast – half nicht wirklich. Selbst die Bemerkung, dass vor Gott und am Abschlag alle Menschen gleich sind, zog nicht. Also machte ich mir dieses Empfinden zu eigen und verarbeitete es im Krimi, was eine spannende Geschichte wachsen ließ.

Da die Heimat des Golfs gemeinhin in Schottland verortet wird, finden sich in dem Sport viele englische Begriffe wieder. Deshalb habe ich zum ersten Mal Fußnoten benutzt, um fachlich korrekt und dennoch verständlich zu bleiben. Nebenbei erwähnte ich auch, dass bereits 1575 ein deutschsprachiges Regelbuch in Köln gedruckt wurde, Fußball gab es damals noch nicht.

Ich habe heute Nachmittag das letzte Turnier für diese Saison gespielt. Wieder habe ich leidenschaftlich den Ball über die Wiese gedroschen und wieder habe ich bescheiden gepunktet. Dennoch möchte ich diesen Sport nicht mehr missen. Es wäre wunderbar, wenn noch mehr Menschen diesen Sport für sich entdecken würden.

Ralf Strackbein, geistiger Vater des Siegener Urgesteins und Ermittlers Tristan Irle, las gestern aus seinem neuesten Krimi „Locht ein!" in der aus „allen Nähten platzenden" Buchhandlung am Kölner Tor.

Mord auf dem Golfplatz

„Locht ein!": 17. Tristan-Irle-Krimi von Ralf Strackbein

bö **Siegen.** Es gibt Menschen, die ziehen Verbrechen einfach magisch an. Die stolpern bei einer Nilkreuzfahrt genauso regelmäßig über Leichen wie beim Spaziergang durchs eigentlich sooo friedliche Heimatdörfchen. Und was dem ollen Schnurrbartzwirbler Hercule Poirot und der toughen Miss Marple recht ist, das gilt natürlich auch für den einzig wahren Siegerländer Detektiv. Ob Tristan Irle wandert, auf die Jagd geht oder sich als Golfer versucht – ein extrem lebloser Körper liegt ganz schnell in der Weltgeschichte herum. Zum 17. Mal lässt Autor Ralf Strackbein den Detektiv mit dem Vogel, das ist natürlich der weiße Kakadu Marlowe, gegen den Colombo mit seinem Hund kaum ankommt, ermitteln. Natürlich wieder mit jeder Menge Lokalkolorit und der Hilfe der bewährten Freunde Helga und Erich, die neben Marlowe und dem Borgward-Oldie längst zu den Fixpunkten der beliebten Krimi-Reihe gehören. Wie auch die Mordkommissions-Kommissare Pfeiffer und Holzbaum, die einmal mehr nicht immer auf der richtigen Fährte sind.

Aber der Reihe nach: Tristan Irle verlässt sein schnuckeliges Häuschen in der Siegener Altstadt, um sich im schönen Heestal – wie Autor Strackbein übrigens auch – als Golfer zu versuchen. Aber dem Meisterdetektiv fällt nach einigen Übungsschlägen das siebener Eisen buchstäblich aus der Hand. Ein markerschütternder Schrei zerreißt die vornehme Stille. Am Wasserhindernis liegt ein totes Clubmitglied, das für den bevorstehenden Wettbewerb trainiert hat. Manchmal landen die kleinen weißen Bälle eben nicht im Loch, sondern an Köpfen. Klar, dass sich der Meisterdetektiv nicht mit der Diagnose „Unfall" zufrieden gibt und seine grauen Zellen arbeiten lässt. Das Opfer hatte reichlich Dreck am Golfschläger und war in das Visier des Finanzamts geraten. Und dubiose Geschäfte mit einigen Clubmitgliedern kommen auch ans Siegerländer Tageslicht. Aber Tristan Irle denkt weiter und kommt zu der Erkenntnis, dass es eben oft doch die Leidenschaft ist, die Leiden schafft. Dann geschieht ein zweiter Mord.

Stopp, mehr wird nicht verraten, sonst kommt der Autor mit dem neuner Eisen, um die Spannung zu sichern. Und spannend ist der Krimi bis zum guten Schluss. Einmal mehr gelingt Strackbein ein guter Plot und er schafft es auch, den Golf-Laien in die Welt dieses Sports eintauchen zu lassen. Allerdings weist er, schließlich weiß er ganz genau wie hart Golfbälle sind, daraufhin, dass es für seine Figuren keine lebenden Vorbilder gibt. Es sind halt Typen aus der großen Menschen-Menagerie, und da spielt Ralf Strackbein ganz gerne mit Klischees, die man in jedem Verein der Welt treffen kann. Es gibt Macher, Mitläufer, Maulhelden, attraktive Frauen, böse Buben, nicht ganz ehrliche Mädels und so weiter so fort. Aber das Schöne an den mehr als 260 Seiten (Magolves-Verlag, Satz- und Buchherstellung Vorländer) ist, dass man dranbleibt, weil man – Überraschung – wissen will, wer gemördert hat. Viel Spaß!

oben links: Die Bahn 14 des Golfclubs Siegerland in der untergehenden Sonne.

oben rechts: Grün verfehlt an Loch 9. Im Hintergrund das Clubhaus.

rechts: Loch 12 des Golfplatzes mit einem Wasserhindernis und Schauplatz mörderischer Taten im Krimi.

links: Das Clubhaus mit Sonnenterrasse, der geeignete Ort, um sich nach einer Runde zu entspannen.

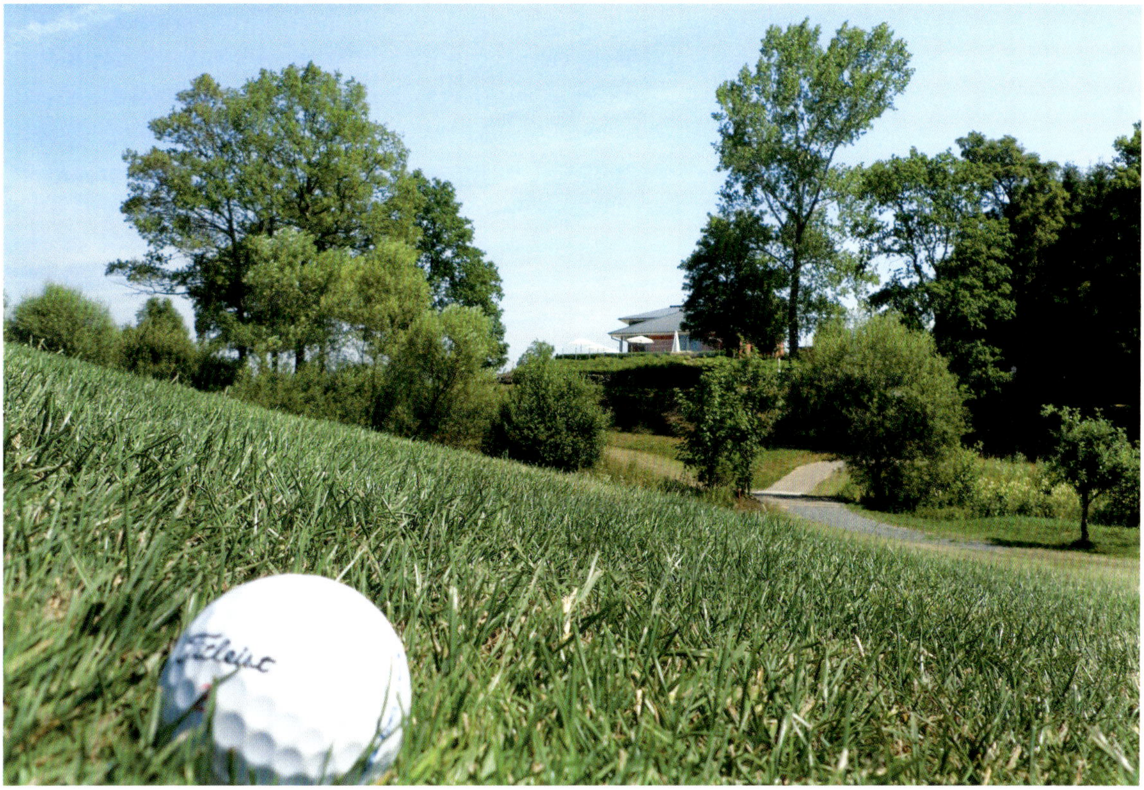

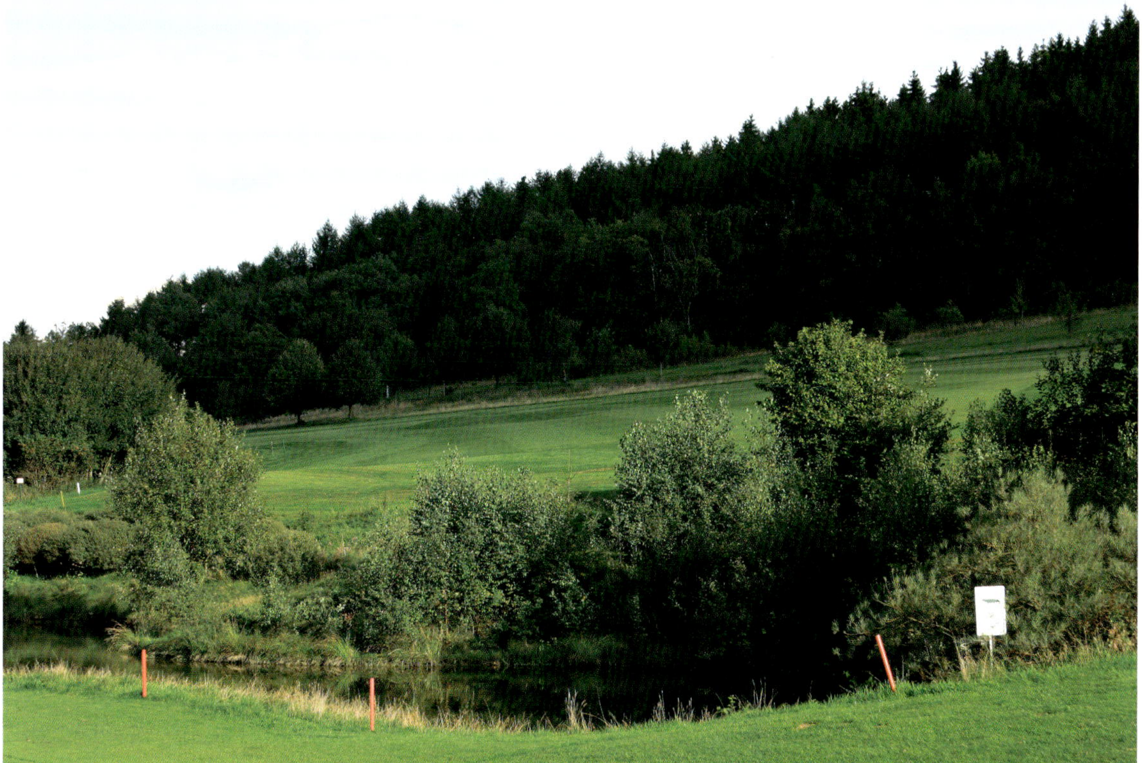

Kleines Lexikon aus Tristan Irle – Locht ein!:

* Hölzchen Tee (sprich Ti), Erfinder Dr. Wilhelm Lowell 1920. Hat nichts mit dem Getränk Tee zu tun.
* Par (engl. Nennwert): Die für ein Loch festgelegte Anzahl von Schlägen; Par 3 – drei Schläge usw.
* Fore; die Kurzform von beware before (Achtung da vorn): Warnruf, wenn der Ball jemanden treffen könnte. – Also Kopf einziehen, sollten Sie jemals auf einem Golfplatz diesen Ruf hören.
* Driving-Range: Übungsplatz auf dem Golfplatz.
* Flight (engl. Schar): Bezeichnung für eine Gruppe von Golfspielern.
* Driver: wird auch als Holz 1 bezeichnet, der längste Schläger in der Golftasche.
** Score: Spielergebnis.
* Eisen 3: Langer Schläger mit einem steilen Schlagkopf aus Eisen. Im Gegensatz zu einem kurzen Schläger, wie einem Eisen 9, mit flachem Schlagkopf.
** Slice: Der Ball startet gerade oder links, macht dann eine starke Rechtskurve und landet bei Anfängern meistens im Aus.
* Scorekarte: Spielkarte, DIN A5, die Anzahl der Schläge pro Spielbahn werden dort eingetragen.
* Greenkeeper: Gärtner auf einem Golfplatz, der in Deutschland durch eine Meisterausbildung den Beruf Greenkeeper ausüben darf. Der Vorgesetzte einer Greenkeeper-Gruppe wird als „Head"-Greenkeeper bezeichnet.
* Rough: Schwer zu spielendes Gelände außerhalb der Spielbahn.
* Tee (sprich „Ti"): Bezeichnung für Abschlag; „teete auf" bezeichnet den Vorgang, wenn der Golfball auf das „Tee" (Holzstift, siehe oben) aufgelegt wird. Ja, ich weiß, besonders differenziert ist das nicht, aber bis jetzt hat auch noch keiner behauptet, dass Golfer Sprachkünstler wären.
* Birdie: Mit einem Schlag weniger eingelocht als vorgegeben. Beispiel: Eine Spielbahn, die mit einem Par 4 (vier Schläge) vorgegeben ist, wird mit drei Schlägen gespielt.
* drop (engl.) fallen: Einen Golfball mit ausgestrecktem Arm fallen lassen.
** Zähler: Im Golfspiel zählt immer ein Mitspieler (Zähler) die Schläge des Spielers. Die Turnierleitung legt fest, wer wen zählt. Beide (Zähler und Spieler) müssen die Scorekarte nach der Runde unterschreiben. Bei Unstimmigkeiten über die zu notierende Schlagzahl entscheidet die Spielleitung.
* Fairway: Die gemähte Fläche zwischen Abschlag, Grün und Rough.
* Bogey: Einen Schlag über Par.
* Putter: Schläger für das Spiel auf dem Grün, um den Ball in das Loch zu bugsieren. Es gibt unzählige Typen, je nach Spielertyp.
* Pro-Shop: Ein Shop, in dem man alles rund ums Golfen, vom Schlägerset bis zur Schuhbürste, erwerben kann.

Fall: 17
Erscheinungsjahr: 2007
Auflagen: 1
Seitenzahl: 264
Absätze: 2063
Wörter: 43105
Personenanzahl: 21

Ralf Strackbein

Tristan Irle hat LAMPENFIEBER

Ein Siegerländer Kriminalroman

Tristan Irle hat Lampenfieber

Mit diesem Buch greife ich nochmals das Thema Theater auf. Was in „Tristan Irle – Siegener Maskerade" noch Wunsch war, ist in diesem Roman bereits Realität: ein Theater in der Stadt. Wir Siegener sind schon etwas durchgeknallt. Während in der ganzen Republik bei den Theaterausgaben gespart wird, bauen wir eins. Nicht nur das, wir haben sogar genügend Geld, um teure Eigenproduktionen zu finanzieren. Dass dabei jeder Theatersitzplatz teuer subventioniert wird, ist schei... egal, die anderen Bürger zahlen es ja.

Persönlich habe ich ein ambivalentes Verhältnis zu diesem Theater. Es ist gut, dass wir ein solches Haus haben, es ist aber nicht hinzunehmen, dass dieses Haus wie ein Schwarzes Loch Finanzen anzieht und verschlingt.

Vielleicht bin ich ein wenig voreingenommen, weil ich mich ebenfalls als Kulturschaffender begreife, der allerdings keinen Cent Subventionen erhält. Meine Kunst muss sich wirtschaftlich gesehen selbst tragen. Zum Glück funktioniert dies und noch mehr, sie sichert Arbeitsplätze bei Druckereien und im Buchhandel. Nebenbei mal angemerkt, würde man die Zuschauerzahl des Theaters und die Anzahl der Tristan-Irle-Leserschaft vergleichen, dann würde das Theater mit seinem Millionenetat bei 100 bis auf den letzten Platz ausverkauften Vorstellungen gerade mal ein Drittel mehr Menschen erreichen. 100 Vorstellungen bedeuten aber drei Monate lang an jedem Tag eine ausverkaufte Vorstellung. Gibt es das?

Als überaus positiv ist jedoch das Engagement der Menschen zu bezeichnen, die sich als Mitarbeiter des Theaters oder für die Interessen des Theaters einsetzen. Sie sind alle mit Herzblut dabei und machen einen sehr guten Job. Bei meinen Recherchen hinter den Kulissen standen sie mir mit Rat und Tat zur Seite. Und noch etwas ist unbezahlbar: die Eindrücke, die Kinder erhalten, wenn sie zum ersten Mal live eine Aufführung besuchen. Wer weiß, ob nicht bei einem dieser Kinder ein so nachhaltiger, emotionaler Eindruck bestehen bleibt, dass dieser sich als Saatkorn für etwas ganz Großes erweist.

Wie ich eingangs erwähnte, mein Verhältnis zu diesem Theater ist ambivalent. Wir haben es und müssen jetzt damit klarkommen, so oder anders.

Ralf Strackbein im Apollo-Theater: In seinem neuen Krimi hat Titelheld Tristan Irle „Lampenfieber". (WR-Foto: Horstgünter Siemon)

Neuer Strackbein mit Lokalkolorit: „Tristan Irle hat Lampenfieber" – junger Schauspieler getötet:

Mord bei der Generalprobe

Siegen. „Tristan Irle" und kein Ende: Der Siegener Autor und Erfinder des Hobby-Detektivs, Ralf Strackbein, hat jetzt seinen 18. Krimi mit Lokalkolorit vorgelegt. Dieses Mal ermittelt Irle im Theater-Milieu – und hat „Lampenfieber".

Intendant Wolferl Wanderschmied, schreibt Strackbein im Klappentext des Buches, hat sich für den Saisonbeginn etwas Großes ausgedacht: „Eine prächtig inszenierte romantische Komödie mit jungen Schauspieltalenten und alten Hasen soll das Publikum zum Lachen bringen. Dummerweise überlebt einer der jungen Schauspieler die Generalprobe nicht, was eine Kette von Ereignissen auslöst, die sich Intendant Wolferl Wanderschmied so nicht für seine Inszenierung vorgestellt hat."

Allerdings gehört Tristan Irle zur Schauspieltruppe und übernimmt die Ermittlungen – gemeinsam mit allen alten Bekannten aus den bisherigen 17 „Irles": Tristans Freundin Helga Bottenberg, dem Diakon Erich Roth und dem vorwitzigen Papagei „Marlowe" mit einer Überraschungsrolle. Wie immer eher störend bei der Aufklärung der von Strackbein ersonnenen Verbrechen sind die beiden Kripobeamten Norbert Pfeiffer und Werner Holzbaum. Staatsanwalt Friedrich Büdenbender nervt und ist genervt – auch wie immer. Dazu kommen die Charaktere auf und hinter der Bühne, zu denen natürlich „der wichtigste Mann, der Vorsitzende des Theatervereins" mit Namen Justus Kehrer gehört.

Inspiriert wurde der Autor zu seinem neuen Krimi durch Prof. Jürgen Kühnel, der seit 30 Jahren „Leiter und Motor der Studiobühne Siegen" ist. In diesem Ensemble mit wechselnden Schauspielern von der Universität hat Strackbein seine ersten „Theatererfahrungen" gemacht, in Zeiten, als es noch das „Kleine Theater Lohkasten" am Rande der Altstadt gab: „Dieser Roman lebt von den Eindrücken und Erfahrungen, die ich dank der Nähe zur Studiobühne in meinem Studium und danach sammeln durfte."

Ralf Strackbein, dessen Romane von Beginn im Jahr 1991 („Tristan Irle und der Rubensmord") richtige Renner waren, geht auch mit dem „Lampenfieber"-Krimi, der in einer ersten Auflage von 7.000 Stück erscheint, wieder auf eine Lese-Tournee (Termine im nebenstehenden Kasten).

Ralf Strackbein: „Tristan Irle hat Lampenfieber"; Taschenbuch, 260 Seiten; 9,90 Euro; ISBN: 978-3-935378-22-2 Informationen im Internet: www.magolves.com

TERMINE
Lese-Tour durch das Siegerland

- 16.10. Buchhandlung Schneider am Kölner Tor, Siegen, Beginn: 20 Uhr
- 23.10. In der Alten Schule, Holzhausen, 20 Uhr
- 24.10. Stadtbibliothek Kreuztal, 19.30 Uhr
- 29.10. Stadtbibliothek Bad Berleburg, 19.30 Uhr
- 5.11. Bibliothek Neunkirchen, 19.30 Uhr
- 6.11. Hugendubel, City Galerie, 20.30 Uhr (Eintrittskarten bei Hugendubel, 3 Euro, werden gespendet)
- 9.11. Katholisches Pfarrheim St. Martin Netphen, 15 Uhr
- 14.11. Studienkreis, Freudenberg, 19.30 Uhr

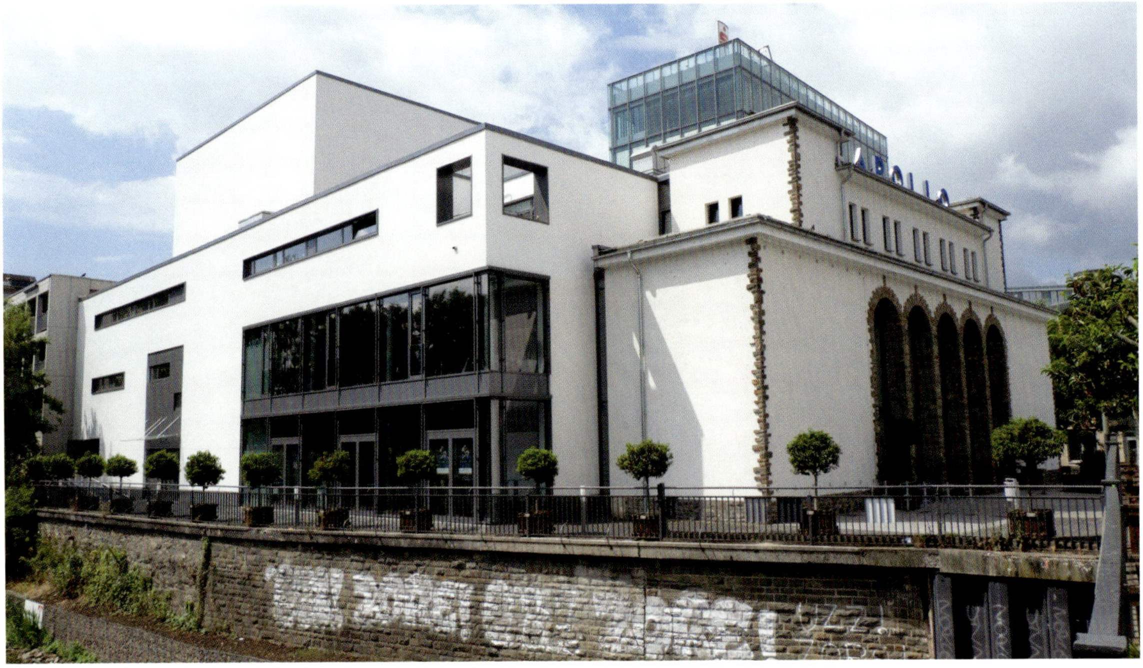

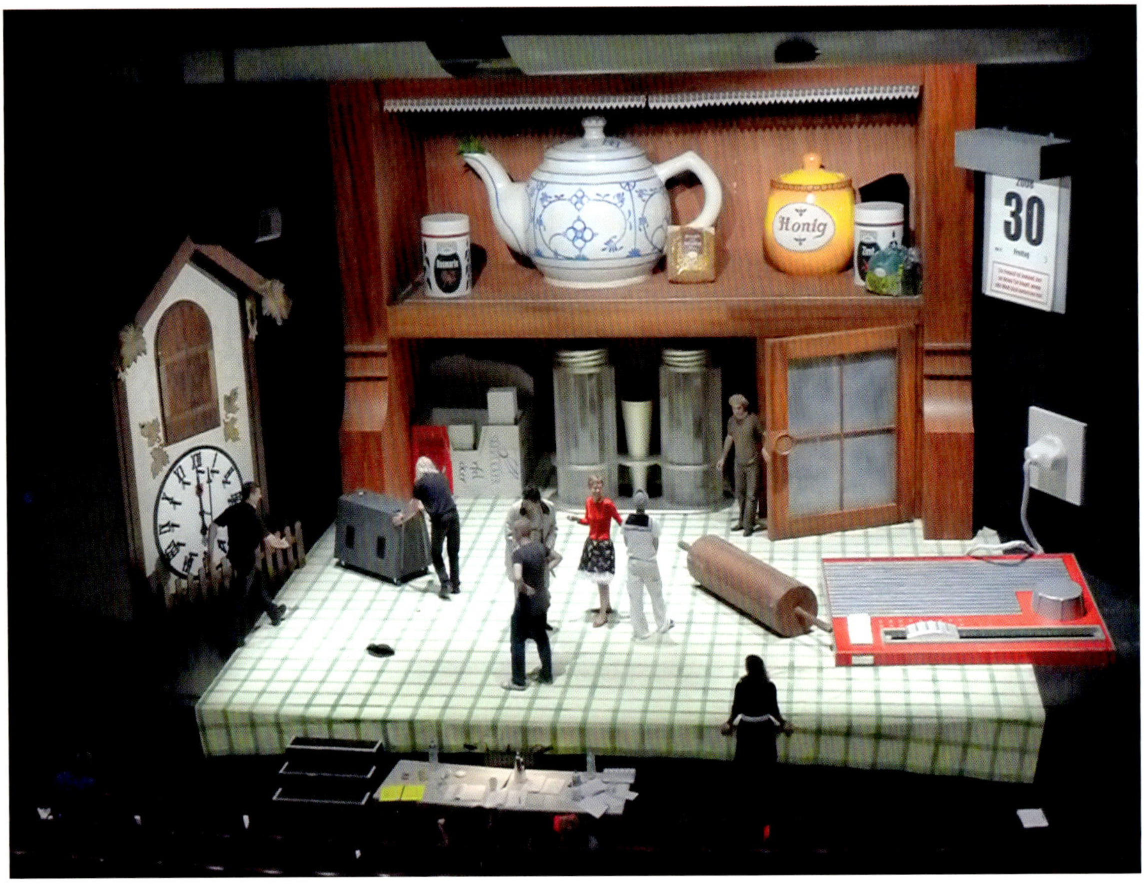
Honig
30

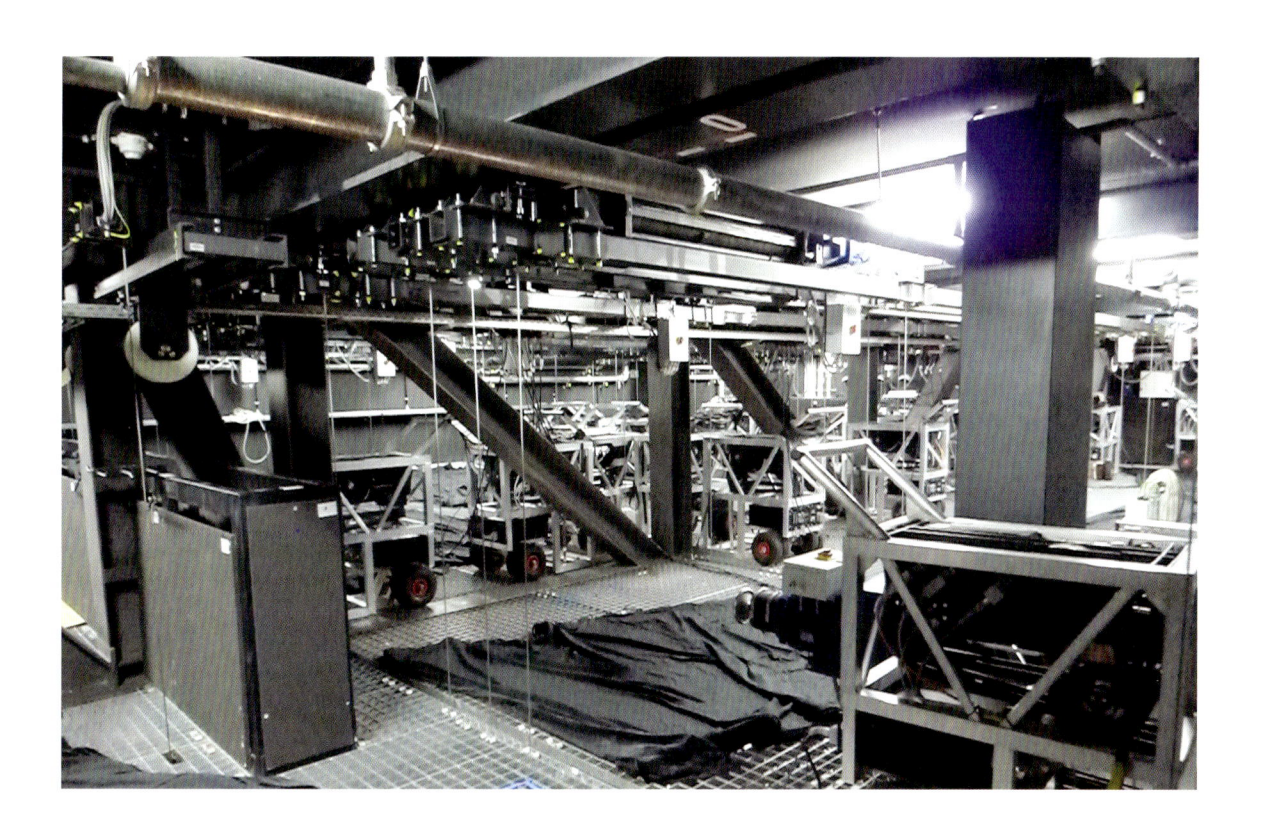

oben links: Das Apollo-Theater an der Sieg. Es hat Jahrzehnte gedauert, bis sich die Bürgerschaft zu diesem Bau durchringen konnte.

oben rechts: Der Schnürboden über der Bühne, teilweise mit Stoffbahnen abgedeckt. Ort eines fürchterlichen Verbrechens im Roman.

links: Proben zu einem hauseigenen Stück, der Lebkuchenmann. Wer fragt da nach Kosten, die Stadt hat es ja.

rechts: Der Bergmann auf der Siegplatte. Sollte die Neugestaltung des Stadtbereiches verwirklicht werden, wird der alte Mann umziehen.

Erster Entwicklungsversuch.

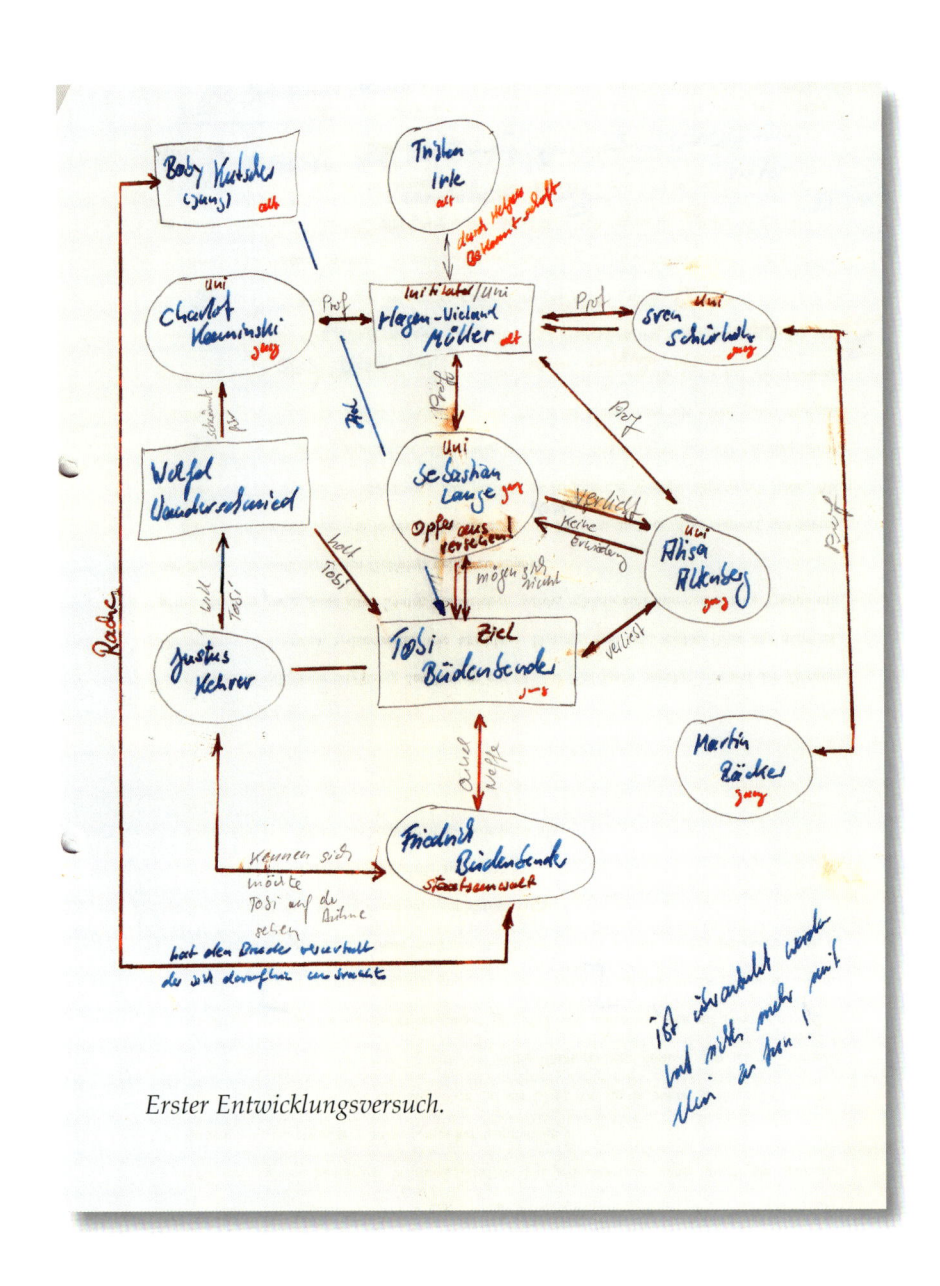

Fall: 18
Erscheinungsjahr: 2008
Auflagen: 1
Seitenzahl: 260
Absätze: 2305
Wörter: 40771
Personenanzahl: 17

Ralf Strackbein

Tristan Irle
und
Der Grabräuber

MORS CERTA
HORA INCERTA

Ein Siegerländer Kriminalroman

Tristan Irle und der Grabräuber

Dieses Buch hat mir richtig viel Freude beim Schreiben bereitet. Ich wollte schon immer eine spannende Abenteuergeschichte erzählen, die in unserem Kreisgebiet spielt. Die Art und Weise, wie sich die Geschichte aufbaute, stand mit dem Thema fest. Tristan sollte einem alten Artefakt nachjagen. Nun besitzt Siegen oder Bad Berleburg nicht gerade einen Petersdom oder eine uralte Bibliothek, doch seit ich in den frühen Achtzigern den Spielfilm „Indiana Jones – Jäger des verlorenen Schatzes" gesehen habe, wusste ich, dass man so eine Story auch im Kreisgebiet ansiedeln kann.

Als Erstes begann ich mich nach einem passenden historischen Unterbau umzusehen. Wir haben eine Menge alter Sagen und so wurde ich bei einer hellhörig, zumal ich bei meiner Recherche feststellte, dass es einen Verweis zu einer anderen alten Sage aus dem Griechischen gab. Meine Intuition gab mir recht und je mehr ich nachforschte, desto mehr setzten sich die Puzzleteile meiner Geschichte zusammen. Mehr sei hier aber nun nicht verraten.

In diesem Buch geht es auch um eine Gruppe von Menschen, die sich in einem uralten Männerbund zusammengeschlossen haben, den Freimaurern. Bei meinen Lesungen stellte ich verwundert fest, dass viele gar nicht wussten, dass wir in Siegen eine Freimaurerloge haben. Diese Loge ist schon im 19. Jahrhundert gegründet worden und erfreut sich heute noch dank zahlreicher Mitglieder eines gesunden Vereinslebens. Die Verantwortlichen standen meiner Recherche positiv gegenüber und halfen maßgeblich, dass die Passagen, bei denen es um die Freimaurer ging, inhaltlich korrekt wiedergegeben wurden.

Doch dieser Part war nur ein Teil der Geschichte, der andere Part bestand darin, Orte im Kreisgebiet zu finden, die glaubwürdig in die Geschichte passten. Mir ist heute noch nicht ganz klar, wie ich diese Orte schließlich fand, zwischenzeitlich war ich nämlich so perplex, dass ich wirklich meinte das Artefakt gefunden zu haben.

Jedenfalls ist das Buch eine wunderbare Reise durch die Geschichte und gleichzeitig ein schöner Reiseführer, wenn man sich diese Orte selbst einmal ansehen möchte. Im Vorwort des Buches verweise ich darauf, bitte keine Grabplatten anzuheben – dies möchte ich hier nochmals wiederholen: bitte keine Grabplatten anheben.

Ermittler-Blick zurück

SIEGEN — Ralf Strackbein legt mit „Tristan Irle und der Grabräuber" den 19. Siegerland-Krimi vor

Stellte gestern Abend seinen neuen Siegerländer Krimi vor: Ralf Strackbein las in der Buchhandlung Schneider aus „Tristan Irle und der Grabräuber". Foto: gmz

> Zum Buch gibt es
> die Notizen des Detektivs.
> Hilfreich auf dem Weg
> zur Lösung des Falls.

ciu ■ Die Geschichte beginnt nachts, wenn eigentlich alles schläft. Da gräbt jemand ein Grab auf, ein anderer geht unterm klaren Himmel auf dem Friedhof spazieren, wieder ein anderer wälzt sich von der einen auf die andere Seite, kann keine Ruhe finden. Alle drei werden aufgeschreckt. Der Grabschänder wird erschlagen, was den nächtlichen Spaziergänger, unfreiwilliger Beobachter, zum Handeln zwingt. Wenig später klingelt ein Telefon im Schatten der Marienkirche. Bei Irle, Tristan Irle, dem Privatdetektiv.

Schon sind wir mittendrin in einer spannenden Geschichte um einen toten Geschichtsprofessor, einen zweiten Mann im Grab, und ein Geheimnis, das um jeden Preis gelüftet werden soll. „Tristan Irle und der Grabräuber", der neue Siegerländer Kriminalroman von Ralf Strackbein, begleitet eine junge Historikerin auf ihrer Suche nach dem Schwert Mimung. Und so wie die Handlung Seite um Seite nach vorn eilt, geht der Blick der Ermittler zurück – in eine Vergangenheit, die von Wieland dem Schmied bis in die Antike reicht. Das verbindende Element ist ein Schwert, das den Kämpfern selten Glück brachte, das durch Zeit und Raum reist und möglicherweise, das ist fiktiver Verdacht, bis heute hinter den sieben Siegener Bergen verborgen ist.

Mehr soll nicht verraten werden, denn wie sich Tristan Irle und Lena Lamberti, die ambitionierte Regionalgeschichtlerin, des Rätsels Lösung nähern, muss selbst erschmökert werden. Vielleicht mit Hilfe des Notizbuchs (wie der neue „Irle" bei Vorländer hergestellt), das Ralf Strackbein und Michaela Becker dem Leser an die Hand geben. Darin wird das, was im Roman beschrieben ist, sichtbar. In Fotografien (zum Beispiel vom Gräberfeld am Lindenberg, wo alles beginnt ...), Zeichnungen und den originalen (!) Notizen des Privatdetektivs.

Lohnend ist die Lektüre des 19. Tristan-Irle-Krimis auch, weil er Einblicke in die zumeist fremde Welt der Freimaurerei erlaubt. Die Siegener Loge spielt mit ihren Ritualen und Geheimnissen eine nicht unerhebliche Rolle in der Geschichte; und aufgeklärt werden kann der Fall um den Grabräuber nur durch ständiges Dechiffrieren komplexer Zahlensymbolik.

Natürlich kann der Detektiv wieder auf die Hilfe seines „Teams" bauen. Weshalb es ein Wiedersehen gibt mit dem sprechenden Kakadu Marlowe, nie um einen klugen Spruch verlegen, mit Freundin Helga, ruhender Pol auf der Lützel, Diakon Erich, dessen Bibelkenntnis gefragt ist, und – natürlich – dem Ermittlerduo von Staats wegen, Holzbaum und Pfeiffer, nie ganz ernst zu nehmen und doch blaulichtbewehrte Retter in Not ...

Gestern Abend stellte der Siegener Autor Ralf Strackbein seinen neuen Roman in der Buchhandlung Schneider am Kölner Tor vor. Ab sofort werden Buch und Notizen verkauft.

oben: Das Lusthaus zum Schloss Berleburg. Na, was da wohl alles abging? Heute dient es als Trauzimmer.

links: Grabverzierung auf dem alten Friedhof am Lindenberg. Der Friedhof ist bei sommerlichem Wetter unbedingt einen Besuch wert.

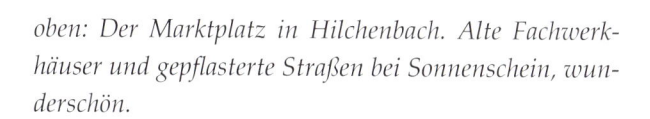

oben: Der Marktplatz in Hilchenbach. Alte Fachwerkhäuser und gepflasterte Straßen bei Sonnenschein, wunderschön.

rechts: Brunnen vor dem Schloss Berleburg.

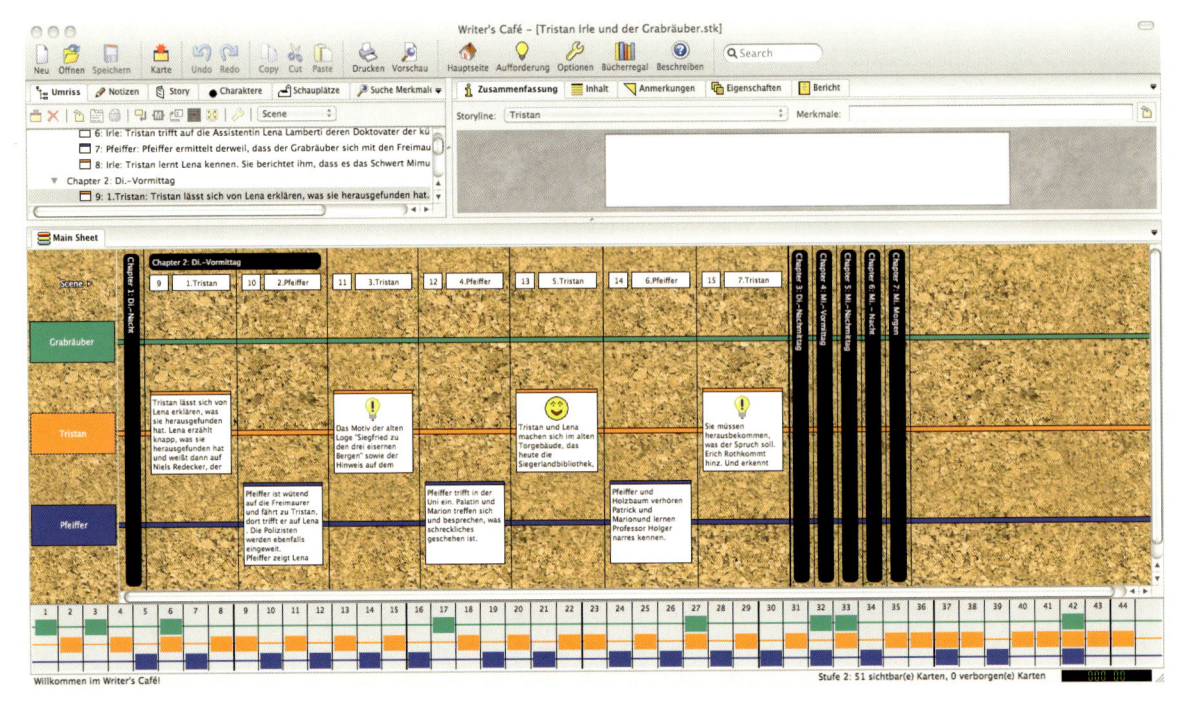

Hier ein Blick hinter die Kulissen. Mit dem aus London stammenden Programm WritersCafe organisiere ich seit 2008 meine Geschichten. Hier die Ansicht des Main Sheet von „Grabräuber". Es stellt einen linearen Szenenablauf dar.

Fall: 19
Erscheinungsjahr: 2008
Auflagen: 1
Seitenzahl: 325
Absätze: 2759
Wörter: 55098
Personenanzahl: 14

Ralf Strackbein

Tristan Irle

Wo ist Marlowe?

Ein Siegerländer Kriminalroman

Tristan Irle – Wo ist Marlowe?

Als ich hörte, dass der Landesgeburtstag 2010 in Siegen gefeiert werden würde, war mir sofort klar, dass dieser Anlass ein Irle-Thema ist. Ich hatte auch sehr schnell eine Vorstellung, wie sich der Roman entwickeln sollte. Eine temporeiche Geschichte nach dem Vorbild eines Actionstreifens würde die Helden während der Feierlichkeiten in Atem halten. Und das Schlimmste: Man würde Marlowe entführen, um Tristan Irle unter Druck zu setzen.

Da ich frühzeitig mit der Recherche begann, stellte sich zum ersten Mal ein Problem, das ich bis dato noch nicht kannte. Alle meine gesammelten Fakten und Daten hätten bis zum Fest überholt oder durch aktuelle Gegebenheiten geändert worden sein können. Schließlich beschrieb ich ja eine Geschichte, die sich an einem noch stattzufindenden Ereignis orientierte.

Aus Sicherheitsgründen verlegte ich den Erscheinungstermin, der traditionell in der ersten kompletten Oktoberwoche lag, um eine Woche nach hinten. Damit erhielt ich ein wenig Gestaltungsspielraum, sollten sich Ereignisse während des Festes ergeben, die unbedingt noch ins Buch gehörten. Was ich von vornherein festlegte und wonach ich in Interviews gefragt wurde, war die Wetterlage. Für meinen Krimi entschied ich, dass es einige warme sonnige Septembertage geben sollte. Die Realität entschied sich zwar für ein sonniges Wetter, lag aber gefühlte 100° C von meiner im Buch beschriebenen Temperatur entfernt.

Als das Fest glücklich und mit einem tollen Erfolg vorüber war, atmete ich auf. Kein nennenswertes Ereignis war geschehen, das mich noch mal hinter meinen Computer hätte zerren können. Das Fest verlief friedlich, ganz anders als in meinem Buch.

Da ich dies hier kurz vor der Veröffentlichung des 20. Tristan-Irle-Falls schreibe, kann ich über die Reaktionen meiner Leserinnen und Leser noch nichts sagen. Was mir jedoch klar ist: In den letzten zwei Dekaden habe ich eine Menge Leute um die Ecke gebracht. Fiktiv betrachtet könnte man mich sogar einen „Serienkiller" nennen, dabei liebe ich die Menschen im Allgemeinen und ganz besonders die, die jedes Jahr darauf warten, einen neuen Fall mit Tristan Irle und seinen Freunden zu erleben.

Bleibe ich gesund, dann wird es weitere Tristan-Irle-Fälle geben. Unser Kreisgebiet ist voll von Geschichten, die darauf warten, erzählt zu werden.

Ralf Strackbein stellte seinen 20. „Tristan-Irle"-Roman gestern bei einer Lesung im Oberen Schloss vor. Foto: aww

Tristan Irle – der 20. Fall

SIEGEN Ralf Strackbein fragt: „Wo ist Marlowe?" / Bombendrohung kurz vor dem NRW-Tag

Die Polizei wähnt den Privatdetektiv im Visier von Terroristen, Taliban und El Kaida.

aww ■ Noch keinen ganzen Monat ist er her, vielen ist er noch lebhaft in Erinnerung, da gibt es schon die Fortsetzung: NRW-Tag, die Zweite. Diesmal mit: Tristan Irle. Der ermittelt – unglaublich aber wahr – in seinem 20. Fall. Auch der neue Band der erfolgreichen und beliebten Serie um den eigenwilligen und auch ein bisschen schrulligen Privatdetektiv aus Siegens Altstadt ist wieder im Hause Vorländer hergestellt worden: „Tristan Irle – Wo ist Marlowe?" lautet der Titel des neuen Siegerländer Kriminalromans, der seit gestern im Handel ist und mit dem Autor Ralf Strackbein jetzt auf umfangreiche Lesereise durch den Kreis Siegen-Wittgenstein geht. Gestern Abend las er zum Auftakt im Oraniersaal des Oberen Schlosses in Siegen. Die weiteren Termine sind im Internet unter www.magolves.com zu finden.

Zum Inhalt: Während Tristan sich noch kurzzeitig darüber ärgert, dass vor seinem Haus eine Bühne aufgebaut wird, und Hauptkommissar Pfeiffer sich darüber entsetzt, dass er und sein Kollege Holzbaum am NRW-Tag den Personenschutz für Landrat und Ministerpräsidentin übernehmen sollen, wird ein Marktmeister von der Schlossmauer gestürzt: „Peter-Paul Bach, das bedauerliche Opfer", wie es im wie immer hilfreichen und in seiner Knappheit hier und da amüsanten Personenverzeichnis treffend heißt. Damit nicht genug, wird auch noch Kakadu Marlowe, Tristans treuer und wortgewandter Gefährte, entführt, es gibt eine Bombendrohung, auf einem verschwommenen Foto vom Siegener Bahnhof soll ein gewisser Mustafa Achraf, ein Mann mit extremistischem Hintergrund, ausgemacht worden sein, und der Landes-Polizeiinspektor wähnt Tristan im Visier von Terroristen, Taliban und El Kaida. Oder sollte sich doch nur jemand an dem Detektiv rächen wollen?

Kurz und gut, es gibt, wie es sich für einen spannenden „Tristan-Irle"-Roman gehört, manches Rätsel zu lösen, mal mit Hilfe von Hightech, wobei Computerexpertin Sina Santes dem Privatermittler unter die Arme greift, mal mit Grips, denn auch die guten alten Reimrätsel fehlen nicht in der unterhaltsamen Detektivgeschichte. Und auch, wenn ihm sein gefiederter Freund Marlowe fehlt, so hat Tristan doch seine Freunde auf zwei Beinen, wie den Wissen Ohm und Diakon Erich Roth, auf die er sich verlassen kann.

Der geneigte Leser darf sich wieder heimisch fühlen, nicht nur an den Orten, die im Buch erwähnt werden, sondern auch umgeben von dieser Gruppe altbekannter Figuren, die irgendwie alle auf ihre Art sympathisch sind – sogar der unbelehrbare Pfeiffer. Und manchmal könnte man beim Schmökern meinen, sich tatsächlich im echten Leben zu befinden. Wenn man da etwa auf einmal von einem jugendlich wirkenden, blonden Bürgermeister liest, denkt man unwillkürlich: Das kommt mir doch irgendwie bekannt vor.

Lokschuppen in Siegen.

Kunst am Verteilerkasten, im Hintergrund die Germania-Statue.

Siegener Festzugwagen am NRW-Tag in Siegen, fotografiert von Gerhard Schepp.

Die ehemaligen Gebäude der Jugendherberge unterhalb des Schlossparks.

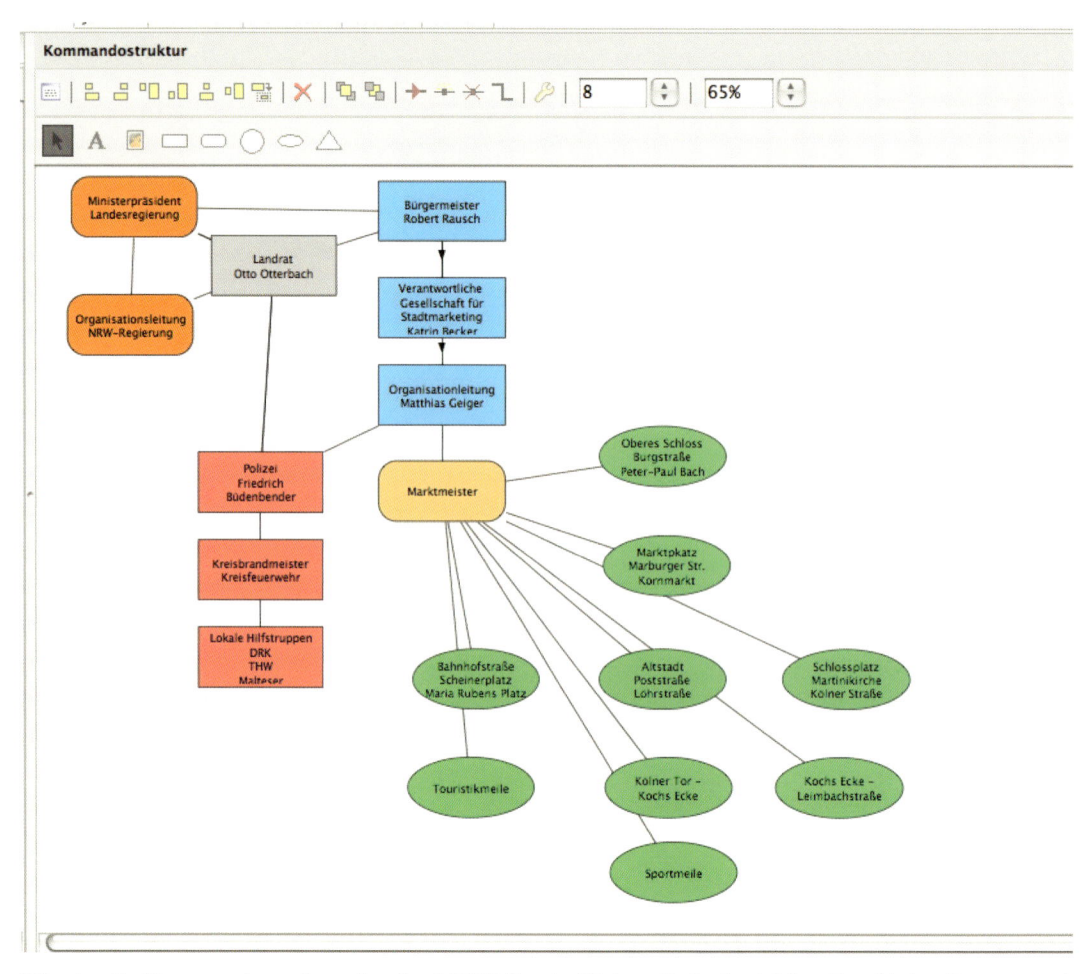

Hier ist die Kommandostruktur für den NRW-Tag in WritersCafe abgebildet. Das kleine Programm ist eine echte Erleichterung, wenn es um das Strukturieren von Geschichten geht.

Marlowe-Zitat:

Es zwitschert eine Lerche im Kamin, wenn du sie hörst.
Ein jeder Schutzmann in Berlin
Verhaftet dich, wenn du ihn störst.

Joachim Ringelnatz

Fall: 20
Erscheinungsjahr: 2010
Auflagen: 1
Seitenzahl: 280
Absätze: 2310
Wörter: 45127
Personenanzahl: 18

Danksagung

In all den Jahren haben mich zahlreiche Menschen bei meinen Krimi-Projekten unterstützt, sei es bei Recherchen oder, wenn es darum ging, die richtigen Entscheidungen bei der Buchproduktion zu treffen. Viele hilfreiche Geister sind am Werk, wenn aus einer Idee ein Buch wird. Deshalb möchte ich mich stellvertretend für alle hilfreichen Menschen bei denen bedanken, die von Anfang an dabei sind, bei meiner Schwester Anja Georg, Sabine Rottler, Manuela Mattik, Michael Mattik und Ralph Rottler. Nur wenig später stießen Marlis Klein und Prof. Dr. Jürgen Kühnel ebenfalls zu dem Team dazu und seit gut zehn Jahren auch Michaela Herbst, geb. Becker.

Für die Bereitstellung von Fotos danke ich: Norbert Georg, Reiner Vogels, Andreas Schmidt, Klaus-Peter Kappest, Alfred Becker und Gerhard Schepp.

Dieser Bildband ist nur möglich geworden, weil Leserinnen und Leser über zwei Dekaden lang „Tristan Irle" die Treue hielten, Danke schön.

Magolves-Verlag

Der Magolves-Verlag wurde 1991 gegründet und ist Mitglied im Börsenverein des Deutschen Buchhandels e.V. Seit 2000 lautet die ISBN-Stammnummer 3-935978.

Im Magolves-Verlag erscheinen die Lokalkrimis der „Tristan-Irle-Reihe" sowie weitere Bücher vom Autor Ralf Strackbein.

Der Name „Magolves" leitet sich aus der Siegerländer Bezeichnung für den Eichelhäher ab. Im Siegerland wird der Eichelhäher Magolves genannt. In der mittelalterlichen Tierfabel nennt man ihn „Markwart" (Markthüter). Diesen Namen verdankt er seinem Alarmgeschrei, mit dem er die Tiere des Waldes vor nahende Gefahren warnt. Zudem ahmt er fremde Vogelstimmen nach, was ihn zu einem Satiriker unter den Vögeln macht.

Die Eichelhäher ernähren sich von pflanzlicher und tierischer Kost. Im Herbst sammeln sie gern Bucheckern und Eicheln und legen Vorräte an. Auf diese Weise tragen sie zur Verbreitung der Baumarten bei.

***

Verlagssymbol

Bereits 1991 entstand das Verlagssymbol, ein Magolves auf einem Holzpfahl. Gezeichnet wurde der Vogel von Michael Mattik.

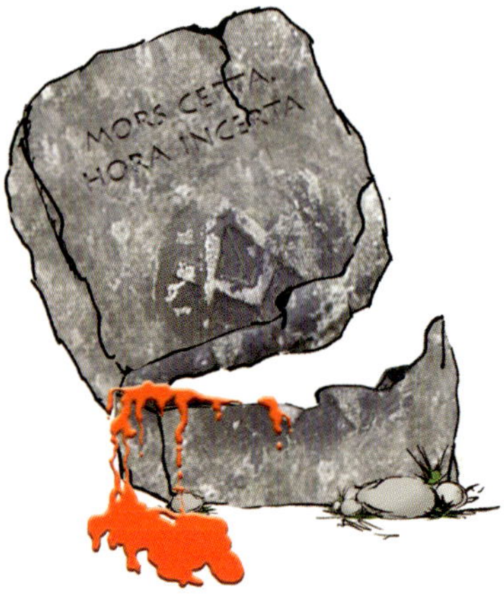
MORS CERTA,
HORA INCERTA

Quellenangaben Zeitungsausschnitte:

S. 11;	Siegener Rundschau, 5. Oktober 1991.
S. 17;	1) Siegener Zeitung, 14. Oktober 1992.
	2) Rohrspatz, Siegener Zeitung, 31. Oktober 1992.
S. 23;	Siegener Zeitung, 15. Oktober 1993.
S. 29;	1) Siegener Zeitung, 20. Juni 1994.
	2) Siegener Zeitung, 25. Juni 1994.
S. 35;	1) Siegener Rundschau, 14. Oktober 1995.
	2) Rhein-Zeitung, 17. Oktober 1995.
S. 41;	Siegener Rundschau, 23. Oktober 1996.
S. 47;	Westfalenpost, 16. Oktober 1997.
S. 53;	1) Wittgensteiner Wochenpost, 2. Dezember 1998.
	2) Siegener Zeitung, 3. November 1998.
S. 59;	1) Rhein-Zeitung, 3. Dezember 1999.
	2) Siegener Zeitung, 16. Oktober 1999.
S. 65;	1) Siegener Zeitung, 14. Oktober 2000.
	2) Siegener Rundschau, 14. Oktober 2000.
	3) Siegener Rundschau, 13. Oktober 2000.
S. 71;	Siegener Zeitung, 12. Oktober 2001.
S. 77;	Wittgensteiner Zeitung, 16. November 2002.
S. 83;	Siegener Zeitung, 10. Oktober 2003.
S. 89;	Westfalenpost, 16. Oktober 2004.
S. 95;	Siegerlandkurier, 23. Oktober 2005.
S. 101;	Siegener Zeitung, 13. Oktober 2006.
S. 107;	Siegener Zeitung, 12. Oktober 2007.
S. 113;	Siegener Rundschau, 16. Oktober 2008.
S. 119;	Siegener Zeitung, 9. Oktober 2009.
S. 125;	Siegener Zeitung, 15. Oktober 2010.